우리는 왜 소비를 줄이지 못하는가

{ 우리는 **왜**
소비를
줄이지
못하는가 }

구본기 지음

다온북스

들어가는 말

1.

앞으로 계속해서 중언하게 되어 있지만, 들어가는 말에서부터 소비-테크놀로지의 개념을 확실하게 해 두어야 할 것 같다.

우리는 소비물 자체가 아닌, 소비물을 통해서 얻어지는 효용을 얻기 위해 소비한다. 내가 의자를 하나 샀다고 생각해보자. 내가 원했던 것은 과연 의자 자체일까? 아니면, 의자를 통해서 얻을 수 있는 편안함 따위의 효용일까? 당연히 편안함 따위의 효용이다. 이것을 식으로 표현하면 다음과 같다.

나는 100만 원짜리 의자를 사도 편안함이라는 목적을 달성할 수 있고, 1만 원짜리 의자를 사도 편안함이라는 목적을 달성할 수 있다. 심지어 의자를 안 사도 편안함이라는 목적을 달성할 수 있다. 그냥 맥주박스 같은걸 깔고 앉으면 된다. 이렇게 내가 느끼는 편안함은 의자의 가격과는 아무런 상관이 없다.

우리는 일반적으로 다음의 식을 맹신한다.

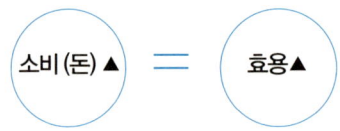

우리는 우리가 돈을 많이 쓸수록, 소비의 양을 늘릴수록, 더 많은 효용을 얻을 수 있다고 믿는다. 하지만 우리가 앞서서 의자의 예를 살펴본 것처럼, 이 믿음은 완전히 잘못된 것이다. 위의 식은 '소비물의 현명한 선택'을 통해서 얼마든지 다음의 식으로 전환 될 수 있다.

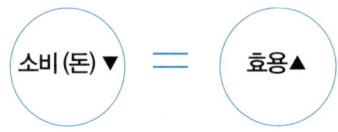

소비(돈)▲ = 효용▲의 식을 **소비(돈)▼ = 효용▲**으로 바꾸는 것, 이것이 바로 '소비-테크놀로지'이다. 나는 이 책을 통해서 (요즘같이 어려운 때일수록) 우리가 소비-테크놀로지를 적절히 사용해서 가계부담을 획기적으로 줄여야 한다고 주장할 것이다.

일견 유치해 보일 수도 있는 이 개념(주장)은 내가 최초로 정립한 것이다. 나는 이 개념을 학술적 연구를 목적으로 정립했다.

재무학은 소비라는 주제를 늘 미지의 영역에 가두어 놓는다. 행동재무학이 주류로 떠오르면서 소비에 대한 연구가 어느 정도 이루어지긴 했지만, 아직까지도 미지의 영역을 크게 벗어나지 못하고 있는 실정이다. 미시재무학을 연구하는 나로서는 이것이 늘 아쉽다. 소비라는 주제를 빼놓고서는 가계의 재정안정을 꾀할 수가 없기 때문이다.

학문에서 어떤 개념을 정립한다는 것은 아주 중요하다. 그 개념을 기초로 삼아서 다른 연구자들이 하위의 다른 디테일한 것들을 연구 할 수가 있게 되니까 말이다.

리처드 도킨스Richard Dawkins의 '밈'이 개념 정립의 한 예에 속한다. 도킨스는 '생물에게는 과거로부터 현재로 내려오는 문화적 유전'이 있다고 주장한다. 그리고 이 주장을 밈이라는 언어로 정립한다. '어른에게는 허리를 숙여서 인사를 해야 한다.', '존댓말을 써야 한다.' 따위의 한국적 문화유산들이 모두 이 밈의 개념에 속한다. 도킨스는 이렇게 우리가 이미 알고 있는 내용을 언어로 개념화 시킨다. 도킨스는 어디서부터 어디까지가 밈이고, 밈이 명확하게 무엇인지를 설명하지는 못한다. 그냥 '대충 이런 거다.' 라고만 설명한다.

개념정립은 모두 이런 식으로 이루어진다. 알고 보면 별 것 없다. 게다가 다분히 추상적이다. 그럼에도 개념의 정립이 중요한 이유는, 그것을 접하는 사람들로 하여금 새로운 영감을 불러일으키게 만들기 때문이다.

도킨스의 밈이라는 개념은 현재 문화와 진화를 연구하는 연구자들 사이에서 폭넓게 쓰인다. 어느 연구자는 지역적 미신을 밈의 개념으로 해석하기도 한다.

나는 이런 확장성을 기대하며 소비-테크놀로지의 개념을 정립했다. 부디, 재무학을 연구하는 많은 연구자들과 컨설턴트들이 소비-테크놀로지의 개념을 풍요롭게 확장시켜주길 바란다.

2.

　위의 짧은 내용만으로도 소비-테크놀로지에 대한 설명은 모두 끝이 난다. 소비-테크놀로지의 개념은 이렇게 단순하다. 지금부터 다루어지는 내용은 모두 사족이다.
　이러한 사실을 알고 있음에도 내가 굳이 이 책을 쓴 이유는, 소비-테크놀로지의 개념을 일반인들에게 알리고 싶기 때문이다.
　재무학이 소비라는 주제를 미지의 영역에 남겨두는 가장 큰 이유는 소비라는 주제가 돈이 되지 않기 때문이다. 가계의 소비가 줄면, 줄어든 소비의 양만큼 가처분 소득이 증가하게 된다. 이렇게 재정적으로 여유로운 가계는 주식이나 채권 같은 위험자산에는 투자를 하지 않게 된다. 여유자금이 남아돌아서 저축만으로도 충분히 노후생활이 가능한데, 굳이 위험을 감수할 필요가 없는 것이다. 이런 식의 위험자산 회피는, 곧장 금융사의 영업실적 악화로 이어진다.(증권사를 떠올려보면 편하겠다.) 이렇다 보니 금융사의 연구자들이 소비라는 주제를 연구할 리가 없다.
　이것과 함께 소비라는 주제가 갖고 있는 '한계성' 역시 소비가 미지의 영역에 머물고 있는 것에 대한 큰 이유를 차지한다. 가계가 소비를 끝도 없이 줄일 수는 없다. 벌어들이는 소득이 정해져 있을뿐더러, 최소한의 생활비라는 게 있으니까 말이다.
　바로 이런 점 때문에 사람들은 위험자산에 대한 투자에 더욱 관심을 갖게 된다. 주식투자 따위의 수익률에는 한계가 설정되어 있지 않으니까 말이다. 1,000%, 10만%, 어쩌면 그 이상까지도 수익을 거둘 수가 있다. 문제는 이것이 환상이라는 데에 있다. 단지 이론적으로만 한계가 없을 뿐이지, 사실 연 10%수익을 얻기도 어려운 것이 바로 위험자산에 대한 투자이다.

다행히도 요즘은 이것에 대한 이해가 많이 확대되고 있는 것 같다. 아마도 금융위기를 거치며 얻게 된 지혜일 것이다.

이런 이유들로 하여금, '연구자들과 컨설턴트들에게만 소비-테크놀로지의 개념을 소개했다가는, 애써 정립한 개념이 사장될 수도 있겠다'는 생각을 했다. 그래서 이렇게 사족을 붙여가면서까지 책으로 쓰게 되었다.

3.

사실 이 책의 원고는 2012년 5월에 완성이 되었다. 하지만 내용이 마음에 들지 않아서 책상서랍에 그냥 묻어 두었다. 그것을 1년이 넘게 지난 지금에서야 다시 손을 보아서 책으로 출간을 하게 되었다.

원고가 마음에 들지 않았던 이유는 마지막 장 때문이다. '어떻게 소비-테크놀로지를 구현해 낼 것인가?'라는 내용이 마지막 장의 주된 내용인데, 이 부분에서 자기계발서적인 요소들을 가져다 썼다. 소비-테크놀로지가 그냥 개념일 뿐이라서 도저히 자세히 설명할 길이 없었다. 그래도 대안이라는 것은 제시해줘야 책의 모양이 나오기에 결국 "이래라저래라."를 일삼는 자기계발서의 스타일을 울며 겨자 먹기 식으로 가져다 썼다. 그런데 아니나 다를까, 원고를 탈고하고 보니 역시나 이 부분이 못마땅했다.

어쨌든 결국 나는 이렇게 마음에 들지 않는 원고를 책으로 엮게 되었다. 이

용감무쌍함의 이유는 바로 지금 내가 체감하고 있는 지독한 불경기 때문이다. 사람들을 만날 때마다 경기가 점점 더 악화되어 가고 있음을 느낀다. 다들 "힘들다. 힘들다." 하며 푸념을 늘어놓기에 여념이 없다. 그런데 이런 때 그 누구도 나서서 "이렇게 저렇게 해야 한다."라고 말해주지 않는다. 경기가 좋을 때는 다들 나서서 "나를 따르라!"라고 외치더니, 경기가 나빠지니까 언제 그랬냐는 듯이 다들 숨어 버린다. 매일같이 TV에 나와서 이렇게 저렇게 투자하라던 그 상위 몇%의 자산관리사들은 다들 어디 먼 나라로 휴가를 떠났는가 보다.

답답한 마음이 들어서 '나라도 나서자'라는 생각에 서랍 속의 먼지 쌓인 원고를 꺼냈다. 불경기에 가계가 취하게 될 전략은 결국 '긴축'이니까 말이다.

사람들은 '이제는 이런 것도 사지 못하는구나.' 따위의 생각들을 하며 긴축을 고통으로 인식하는 경우가 많다. 긴축을 고통으로 인식하게 되면 소비하지 못하는 소비자는 자신을 초라하게 느끼기 마련이다.

나는 이 책에 소개된 소비-테크놀로지를 통해서 사람들(소비자들)이 이런 초라함을 벗어나길 바란다. 나는 이 책을 통해서 말한다. '긴축은 결코 고통이 아니'라고. '효용을 상실하지 않으면서도(고통 받지 않으면서도) 얼마든지 긴축을 할 수 있다'고 말이다.

이 책은 긴축하는 모든 가계를 위한 위로이다. 또한, 긴축을 하지 않는 모든 가계를 위한 채찍이기도 하다.

그러니 부디, 나의 이 형편없는 책에 영감을 얻어서 불경기에 힘들어 하는 모든 가계가 행복의 긴축을 시작했으면 좋겠다.

서론

'질'이 '양'에 앞선다

나는 목련의 꽃을 좋아한다. 내 작은 소원중의 하나는 집 앞 목련나무의 꽃이 봉오리를 꽉 다문 때부터 활짝 피는 때까지의 모든 과정들을 지켜보는 것이다. 나는 매년 4월이 되면 생각한다. '올해에는 기필코 꽃이 피는 과정의 순간들을 놓치지 않으리.' 그런데 얼래? 올해도 어김없이 집 앞 목련나무는 나 몰래 꽃을 피웠다. 그렇게 꽃은 어느새 늘 만개해 있다. 이때쯤이면 봄도 어느새 완연해 있다. 나이도 어느새 들어 있는 걸 보니 아무래도 모든 것은 어느새 다가 오는가 보다.

'어느새鳥'라는 녀석은 참으로 얄미운 녀석이다. 워낙 살며시 다가오는 통에 정신을 차려보면 이지경이고 저지경인 경우가 많다. 감당하기 버거울 만큼 부풀어오른 우리네의 소비규모 역시 정신을 차려보니 어느새 이지경이고 저지경인 경우이다.

소비규모를 줄이는 일은 언제나 고통스럽다. 그럴 수 밖에 없다. 이미 정신과 몸에 배인 문신과도 같은 소비행위에 변화를 준다는 것은 본능과 싸우는 행위이기 때문이다. 당연하게도 본능이 이성에 앞선다. 이는 삼척동자도

11

다 아는 사실이다. 그런데 '재무학 따위의 학문을 다루는 이들은 이를 간과하는 경우가 많은 것 같다. 이를 간과한 이들이 하는 소비에 대한 조언은 늘 한결같다. "무리해서 주택담보대출을 받지 말아라.", "지금보다 가계 지출을 줄여라.", "되도록이면 자동차가 아닌 대중교통을 이용해라." 등등이다. 결국 재무적인 목표를 위해서는 단지 소비를 참으라는 것이다.

갖고 싶은 것, 하고 싶은 것을 참는 다는 것, 이것이 어디 말처럼 쉽던가? 참는다는 것은 싸운다는 것이다. 그리고 싸움은 역시나 고통이다. 때문에 본능과 이성의 대립은 언제나 본능의 승리로 끝이 나게 되어있다.

이성의 완전한 승리란 있을 수가 없다. 철저한 이성으로 본능에 승리한 것 같아 보이는 사람도 그 속을 들여다보면 실은 그저 계속해서 싸우고 있고 있을 뿐이다. 즉, 'ing의 상태'라는 것이다.

본능과 이성이 대립해 싸움이 벌어지는 가장 흔한 예가 바로 다이어트다. 혹시 다이어트에서 이성이 완전히 승리한 것을 본적이 있는가? 식욕이라는 본능은 언제나 절제라는 이성에 앞선다. 단지 이성으로 어느 정도의 식욕과 싸워나갈 뿐이다. 그리고 그 싸움을 계속해서 해 나가는 이가 날씬한 몸을 유지한다. 그래서 날씬한 이들은 매일같이 다이어트를 한다.

소비규모를 줄이는 일이 우리들에게 고통스럽게 다가오는 이유는, '소비규모의 저하'가 곧 '삶의 질의 저하'(소비규모↓=삶의 질↓)로 연결된다는 생각을 갖고 있기 때문이다. 누구나가 이런 등식을 맹신한다. 하지만 이는 옳지 않다. 이는 '양'과 '질'을 혼동하는 데서 오는 아주 고전적인 생각의 오류일 뿐이다.

양과 질은 완전히 다른 개념이다. 그런데 우리는 어려서부터 이것들을 같은 개념이라고 배운다. 이에 대한 가장 흔한 배움이 바로 "돈은 많으면 좋다. 하지만 적으면 나쁘다."라는 내용의 "양이 곧 질이다.(양=질)"라는 이상한 등식이다. 이 등식의 배움은 어렸을 적 가정에서부터 시작된다. 그리고 이것은 학교로, 사회로 계속해서 이어진다. 덕분에 우리는 턱밑에 수염이 거뭇하게 자라나는 다 큰 성인이 된 지금까지도, 양과 질을 동일시 하는 어처구니없는 생각의 오류를 범한다.

"소비규모를 줄인다."는 말은 절대 "삶의 질을 저하시킨다."는 말과 동의어로 해석될 수 없다. 어째서 그런지 간단한 예를 들어 한번 살펴보자.

여기 1억 원의 돈이 있다. 1억 원의 돈. 이것은 양적인 개념이다. 하지만 이것을 소비하는 행위는 오롯이 질적인 개념이다. 만약 우리가 이 돈을 모두 술과 도박으로 소비한다면 우리 삶의 질은 저하될 것이다. 하지만 이 돈을 가족과 이웃을 위해 소비한다면 우리 삶의 질은 높아질 것이다.

어떤가 쉽지 않은가? 분명 돈의 양과 질은 다른 개념이다. 이제 여기서 조금만 더 나아가보자.

A는 2억 원의 돈을 가졌다. 하지만 B는 그 절반인 1억 원의 돈밖에 갖지 못했다. A는 2억 원의 돈을 모두 술과 도박으로 소비했다. 하지만 B는 1억 원의 돈을 가족과 이웃을 위해 소비했다. 과연 이것만을 두고 볼 때 A의 삶의 질이 높을까? B의 삶의 질이 높을까?

당연지사 B의 삶의 질이 높을 것이다.

A가 B의 두 배에 달하는 돈을 갖고 있었다는 사실에 주목하자. 돈의 양으로 B를 압도했었던 A는, 결국 질에서 B에게 압도당하고 만다. 양으로 압도하는 것이 좋은 것일까? 질로 압도하는 것이 좋은 것일까?

답은 뻔하다. 질로 압도하는 것이 좋은 것이다.

돈은 "얼마를 쓰느냐?"가 중요한 것이 아니라. "어떻게 쓰느냐?"가 중요한 것이다. 본능이 이성에 앞서듯이, 질이 양에 앞선다. 언제나 그렇다.

돈은 어떻게 소비를 하느냐에 따라서 그 질을 달리한다. 돈은 가계와 개인마다, 그리고 각각의 소비행위마다 그 질을 아주 달리한다. 누군가는 1만원의 돈을 소비하며 그저 그런 효용을 이끌어 내는 반면에, 또 다른 누군가는 같은 1만원의 돈을 소비하며 엄청난 효용을 이끌어 낸다. 그리고 바로 이런 차이가 누적되어 삶의 질을 가른다.

얼마의 돈을 소비하는지가 삶의 질을 가르는 것이 아니라. 어떻게 소비하는지가 삶의 질을 가르는 것이다. 때문에 우리는 지금까지보다 더 적은 양의 돈으로, 더 큰 효용을 얻어낼 수 있는 아주 스마트smart한 소비를 해야만 한다. 그렇게만 된다면 우리의 가계는 소비규모가 저하되는데도 불구하고 삶의 질이 더욱 높아질 것이다.(소비규모↓=삶의 질↑)

게다가 이러한 소비는 삶의 질을 높이는 매우 효과적인 방법 중의 하나이기 때문에 그저 막연하게 소비를 참을 때처럼 본능과 이성이 대립하지도 않는다. 서로 공생해 가며 조화롭게 균형을 찾아 간다.

우리는 소비의 최대 효용을 이끌어 낼 수 있는 '어떤 기술'을 개발해야 한다. 그리고 그 기술은 지극히 상대적이고 개인적이야 한다. 소비를 통해 느끼는 효용이 그런 성격을 지니고 있기 때문이다. 소비의 효용은 마치 성감대와도 같다. 누군가는 귀나 목에서 성감을 크게 느끼지만, 다른 누군가는 그렇지 않을 수도 있다. 마찬가지로 소비의 효용 역시 누군가는 돼지 고기를 소비하며 큰 효용을 느끼지만, 다른 누군가는 그렇지 않을 수도 있다.

나는 지금 이 책을 읽는 당신이 소비의 최대 효용을 느끼는데 있어서 자동차를 소비하는 것이 효과적인지, 아니면 집을 소비하는 것이 효과적인지, 혹은 여행이라는 경험을 소비하는 것이 효과적인지 잘 알지 못한다. 때문에 나는 이 책에 몇 가지의 영감靈感적인 재료들만을 담아 두었다. 그것들을 실체화 시켜서 하나의 기술로 개발하는 것은 오롯이 당신의 몫이다.

소비에 주목해야 하는 이유

무엇보다 저축의 양을 늘리는 것이 중요하다. 굼벵이가 한 바퀴 구르는 것보다야 곰이 한 바퀴 구르는 것이 훨씬 더 멀리 구르니까 말이다. 100만원의 10%와 1억 원의 10%는 아주 다르다. 10%의 수익률이 누군가 에게는 푼돈이 되기도 하고, 다른 누군가 에게는 목돈이 되기도 하는 것이다.

너무 비약해서 예를 들었다 생각할 수도 있겠다. 하지만 당신이 정상의 지적 능력을 갖고 있다면 이 개념의 핵심이 무엇인지에 대해서 필시 이해하고 공감했을 것이다.

잠시 저축의 양을 늘릴 수 있는 방법에 대해서 이야기를 해보자.

돈의 사용 내용은 크게 두 가지의 범주로 나뉜다. '저축하거나, 소비하거나' 우리는 저축과 소비를 제외한 다른 내용으로는 돈을 사용할 수 없다. 이

두 가지가 바로 돈의 사용 내용에 대한 최상위의 범주이니까 말이다. 우리는 이 사실을 통해서 저축의 양을 늘리는 다음의 두 가지 방법을 추론해 낼 수 있다.

저축의 양을 늘리는 첫 번째 방법 벌어들이는 돈의 양을 늘린다.(하지만 이때 소비의 양이 덩달아 늘어나면 안 된다.)

저축의 양을 늘리는 두 번째 방법 소비의 양을 줄인다.(이 방법은 벌어들이는 돈의 양이 늘어나지 않더라도 지금 당장 저축의 양을 늘릴 수 있다.)

첫 번째 방법은 우리가 통제할 수 없는 성질의 것이다. 지금보다 더 많은 급여를 받는 다거나. 이자나 투자 수익 따위를 지금 보다 더 늘리는 것은 우리가 통제할 수 있는 성질의 것이 아니다. 설사 이것을 통제할 수 있다고 치더라도 소비의 양이 이것에 연동해서 늘어나게 되면 '말짱 도루묵'이 되고 만다.

반면, 두 번째 방법은 우리가 통제할 수 있는 성질의 것이다. 게다가 소비의 양을 줄이는 방법은 지금 당장에라도 실천이 가능하다. 즉, 이것은 지금 당장에 저축을 늘릴 수 있는 아주 확실한 방법이다.

나는 첫 번째 방법이 옳다. 두 번째 방법이 옳다 해 가며 이러쿵저러쿵 이야기 하고 싶지는 않다. 단지, 저축의 양을 늘리기 위해서는 두 가지의 경우 모두에서 소비가 아주 중요한 역할을 하고 있다는 사실만을 꼭 이야기하고 싶다.

어떤 경우에서든지 소비가 중요하다. 제 아무리 많은 급여, 많은 이자, 많은 투자수익들을 얻어내 아주 많은 양의 돈을 뒤주에 쏟아 붓는다 하더라도,

밑이 빠져서는 결국에 뒤주를 채울 수가 없다. 무엇보다도 뒤주의 밑을 막는 것이 우선해야 한다. 그래서 지금, 우리가 소비에 주목해야 한다.

뻔뻔하게,
그러나 우아하게

잘나가던 독일의 언론인인 '알렉산더 폰 쉰부르크Alexander Von Schonburg'는, 2002년에 행해진 언론계의 구조조정에 의해서 한 순간에 실업자 신세가 되고 만다. 부양해야 할 가족이 있는데 모아놓은 재산은 없다. 정말 "뜨악!" 할 만한 상황이지만, 그는 당황하지 않는다. 오히려 '이때야 말로 의연하게 대처해야 할 시기'라며 애써 웃음을 짓는다. 하지만 아무리 그런다 해도 직장을 잃은 것은 사실. 결국 그는 '어쩔 수 없이' 긴축을 실행한다.

그는 웃음을 잃지 않기 위해서 본능적으로 '소비-테크놀로지'를 시작한다. 소비의 양이 아닌 질에 집중하기 시작한 것이다. 그의 처음 시작은 아주 억지스러웠다.

우리 아버지는 언제나 가장 값싼 자동차만 타고 다니셨다. 아버지의 러시아제 라다 자동차, 가죽 바지, 낡은 셔츠가 창피했던 적이 한두 번이 아니었다. 이제야 나는 아버지의 생활양식이 우월했던 것을 안다. 약간 낡은 짙은 색 양복 차림으로 연방 의회에 들어서시던 아버지의 모습을 돌이켜보면, 완벽하게 차려 입은 다른 동료들보다 더 근사해 보이셨다. 이제 나는 부모님의 근검절약이 실용적인 원칙뿐 아니라 동시에 미학적인 원칙에서 비롯되었다는 것을 안다.

〈우아하게 가난해지는 방법 *(Die)kunst des stilvolen verarmens*〉 중에서

이렇게 그는 갑자기 이상한 미학적 원칙을 들먹이며, 무너진 자신의 마음을 애써 위로 한다. 그리고 그는 그 위로 뒤, 아주 빠르게 소비의 양이 부질없는 것임을 인식하기 시작한다.

나는 부모님이 완벽하게 실행하신 포기의 기술이 무엇보다도 만족을 극대화 시키는 아주 실용적인 목적에 보탬이 됨을 차츰 깨달았다.
이 원칙을 창안한 사람은 에피쿠니로스이다. 지나친 만족을 추구하지 마라. 감각적인 만족이 나쁘기 때문이 아니라 과다한 만족 후에는 오히려 심신이 침체되기 때문이다. 에피쿠로스에게 일시적인 만족의 포기는 만족감의 고조로 이어진다. 언제나 흥청거리며 호사스럽게 사는 사람은 머지않아 다시 없이 근사한 물건 앞에서도 더 이상 만족감을 느낄 수 없다. 하이니 튀센처럼 손님용 화장실에 피카소 그림을 걸거나 아랍 왕족처럼 일주일에 한 번 몇 시간 골프를 치기 위해 닉 팔도를 비행기로 불러들여도 삶의 질은 개선되지 않는다.
소비가 미덕인 잉여 사회에서 소비자들은 어쩔 수 없이 실망을 맛보게 된다. 경제는 점점 더 정교한 세뇌 작용을 통해서, 행복을 돈으로 살 수 있

다고 주입시키려 한다. 그러나 우리는 사치의 개념을 새롭게 정의해야 한다. 이 사실을 부인할 수는 없다. 윤택한 삶은 많은 돈이나 물건을 쌓아 두는 것과 무관하다. 인간은 오로지 올바른 태도를 통해서만 윤택한 삶을 누릴 수 있다. 듣기 좋은 말로 행복을 이야기하는 진부한 감언이설을 뒤쫓는 사람은 스스로를 불행하게 만들기 십상이다. 진정한 가난은 물질적인 것의 결핍이 아니라 건강이나 아름다움이나 부유함, 무엇을 좇든지 간에 완벽하기를 바라는 마음에서 비롯된다.

〈우아하게 가난해지는 방법〉 *(Die)kunst des stilvolen verarmens*〉 중에서

깨달음 뒤 그는 당연시 되는 많은 (질 떨어지는) 소비들을 부정하기 시작한다. 그 중의 하나만 소개한다.

이른바 '체험 음식점'은 현대 문명의 가장 큰 재앙 가운데 하나라고 말하지 않을 수 없다. 이제는 손님들이 단순히 음식만 먹으려고 하는 게 아니라, 테이블에 마주 앉아서 더 이상 할 말이 없는 탓에 '뭔가를 체험하려고' 한 데서 붙은 이름이다. 손님들은 저녁 내내 서로 말 한마디 나누지 않았음에도 행복한 표정으로 세 자리 숫자의 음식값을 지불하고 가벼운 마음으로 집으로 향한다.

〈우아하게 가난해지는 방법〉 *(Die)kunst des stilvolen verarmens*〉 중에서

놀라운 통찰이다. 대화의 빈곤을 각종의 값비싼 쇼로 덮으려 하는 (인정하기 싫은) 우리의 슬픈 자화상을 직설적으로 꼬집는다.

그리고 그는 소비의 질이 오직 자신의 안에서만 실감 된다는 사실도 깨닫는다. 쉽게 말해서, 남들이 뭐라 하건 간에 자신이 맛없고, 자신이 재미없으면 소용이 없다는 사실을 깨닫는다. 그래서 그는 뻔뻔해진다. 그는 자신만의 기준을 스스럼없이 '우아하다'고 까지 주장한다.

매일 사무실에 출근하던 시절에는, 건강을 돈으로 살 수 있다고 믿었다. 헬스클럽에 가입하고서 성실하게 꼬박꼬박 회비를 납부했지만, 처음의 열광이 식은 후에는 헬스클럽을 찾는 발길이 차츰 뜸해졌다. 지금은 회원비를 절약하고서, 바닥에 설치한 손잡이 두 개를 이용하여 효과적으로 팔 굽혀 펴기를 하고, 침실 문틀에 부착시킨 철봉에 매달려 턱걸이를 하는 등 규칙적인 운동을 한다. 나는 달리기를 하고 싶으면, 러닝 머신에서 두 발을 놀리며 멍청하게 화면을 응시하는 대신 공원을 찾아간다. 무엇보다도 우아한 스포츠는 자연 속에서 빠르게 걷는 것이다. 이 스포츠는 몇 년마다 이름이 바뀌는 수난을 겪는데, 현재는 워킹이라 불린다. 취향에 따라서 힐 워킹, 노르딕 워킹, 젠 워킹, 레이스 워킹, 아쿠아 워킹 등이 있다. 화보 잡지들은 2주마다 새로운 유행 스포츠 종목으로 우리를 설득하려 하지만, 우리에게 정말로 필요한 것은 타이치나 기공, 젠피를 위한 값비싼 강좌가 아니라 신선한 공기와 운동이다. 레저 산업은 새로이 유행하는 스포츠 종목마다 새로운 완벽한 복장과 장비가 필요하다고 단언하지만, 그것은 결국 흉물스럽게 화려한 옷을 걸치고 온갖 장비로 무장한 화보 잡지 독자들이 우리의 녹지대를 점거하는 사태를 낳을 뿐이다. 스포츠 기구와 패션에 들이는 비용이 적을수록 취향에 대한 자신감을 증명한다. 이를 테면 오래 달리기를 하는 데 낡은 운동복 바지와 운동화 한 켤레, 티셔츠 하나면 부족할 게 없다.

〈우아하게 가난해지는 방법〉 *(Die)kunst des stilvolen verarmens* 중에서

그는 여기서 멈추지 않는다. '우아한 휴가'가 과연 무엇인지를 자신만의 기준을 앞세워(뻔뻔하게) 설명한다.

관광객으로서 허겁지겁 세상을 헤매는 대신 두 눈을 크게 뜨고 세상을 음미하는 것이야말로 장소 이동보다 훨씬 더 중요하다. 그러므로 '휴가를 떠나는 것'보다는 집에 머무르는 것이 백 번 천 번 더 낫다. 예를 들어, 고향 도시에서 휴가를 보내면, 관광 명소를 방문하는 고역에서 벗어날 수 있다. 피사 사람들이 피사의 사탑을 오르거나 파리 사람들이 에펠 탑에 오르는 일은 절대로 없다. 그러나 관광객으로서는 그런 일들을 한다.

〈우아하게 가난해지는 방법〉 *(Die)kunst des stilvolen verarmens* 중에서

그는 이런 식으로 자신만의 주관적 기준들을 우아함이라고 계속해서 포장한다. 그리고 자신의 이런 시시콜콜한 생각들을 책으로 엮어서 세상에 발표한다. 정말이지, 뻔뻔함의 극치가 아닐 수 없다.

그런데 놀랍게도! 이 책은 출간되자마자 베스트셀러가 된다. 사람들이 그의 책에 공감을 한 것이다. 물론, 사람들은 그의 주관적 주장이 아닌, '소비의 양이 아닌 질에 집중해야 한다'는 소비-테크놀로지의 개념에 공감했다.

사람들은 그의 기준이 주관적이건 어떻건 간에, 그가 실제로 만족한 생황

을 영위하고 있다는 사실에 주목했다. 소비의 양을 압도적으로 줄였음에도 불구하고, 오히려 삶의 질이 더 높아지는 이상한 상태에 놓여 있는 사람을 책을 통해서 만났던 것이다. 불경기에 '어쩔 수 없이' 긴축을 해야 했던 독일의 수많은 가계가, 그의 생활방식에 영감을 얻었고, 실제로 소비-테크놀로지의 개념을 자신들의 소비활동에 적용시켰다.

나는 지금 우리들 가계에도 이런 식의 적용이 필요하다고 생각한다. 불경기를 겪고 있는 지금의 우리들 모든 가계에는, '뻔뻔하지만, 그러나 우아한' 긴축이 필요하다.

당신에게 몇 가지 일러둔다

01 정부의 통계자료들을 몇 가지 인용해서 사용했다. 하지만 이것들을 맹신하지는 않았으면 좋겠다. 나는 하나의 숫자로 뭉뚱그려 표현되는 통계 따위가 우리의 개성 넘치는 삶을 대변한다고는 생각하지 않는다. 그렇다고 아예 사용하지 않을 수도 없었다. 단지 내 짧은 생각에 몇몇 시사할 점이 있다고 생각되는 통계들을 취사해서 사용했다. 그저, "대충 그런가 보다." 하고 가벼운 마음으로 봐주면 고맙겠다. 혹, 이것들과 관련된 숫자와 그래프가 당신의 가독성을 떨어뜨린다면 그냥 무시하고 건너뛰어도 좋다. 그런다 하더라도 내 글을 이해하는 데에는 아무런 문제가 없다.

02 행복이나 만족 등을 표현하는데 있어서, '행복', '만족', '효용', '가치' 의 네 가지 단어를 혼재하여 사용하였다. 이것들을 행복이나 만족이라는 단어로 통일을 했을 때 어색한 문장들이 너무나도 많이 발생해서 그랬다. 하지만 실제 우리네들은 일상생활에서 이 네 단어들을 비슷한 의미로 사용하고 있다. 때문에 글을 받아들이는 데에는 아무런 문제가 없으리라는 생각이 든다.

03 책에 등장하는 친구들의 이름은 모두 가명이다.

목차

들어가는 말
서론
'질'이 '양'에 앞선다 _11 | 소비에 주목해야 하는 이유 _15 | 뻔뻔하게, 그러나 우아하게 _17

Chapter 1
'실패한 돈이야기'를 넘어서
실패한 돈이야기들 _29 | "우리의 은퇴 후 생활은 엄청나게 암울하다" _31 | "저축만으로는 물가를 앞지를 수 없다" _34 | "전문가는 미래를 예측한다" _38 | "보험으로 위험을 대비해야 한다" _43 | 돈에대한 새로운 이야기가 필요하다 _48

Chapter 2
돈에 대한 여러 접근 방식들
돈에 대한 이야기 하나만으로는 돈에 대한 문제들을 모두 풀어낼 수 없다 _55 | 돈이라는 수단을 통해 이루고자 했던 원래의 목적 _58 | 돈으로 자유를 사는 세상 _62 | 돈은 벌어서 얻지만 아껴서도 얻는다 _66 | 돈은 얼마를 쓰느냐가 중요한 것이 아니라 어떻게 쓰느냐가 중요하다 _72 | 현실감각을 상실한 돈에 대한 이야기들 _81 | 여성성에 주목하라 _85 | 돈은 행복을 구성하는 여러 요소들 중의 하나일 뿐이다 _92

Chapter 3
잡고 있던 '헌 밧줄'을 놔야 한다
변화는 어떻게 찾아 오는가 _103 | 철저한 부정으로 기존의 모든 것들을 불태워야 한다 _109 | 수천 개의 이파리를 잘라내는 것보다, 뿌리를 한번 잘라내는 것이 낫다 _117

Chapter 4
기존의 소비행위 부정하기

'에쿠스'를 타는 아무개씨는 진중하다 하지만 '마티즈'를 타는 아무개씨는 가볍다_123 | 저축의 규모를 늘리는 방법_131 | 효정이의 루이비통 가방_136 | 명일이의 아우디 A6_146 | 나도 그대들처럼 되고 싶다_155 | 상대성에 대하여_160 | 돈은 어떻게 써야 하는가?_166 | 역시 정치이야기가 필요하다_170

Chapter 5
'가격'에서 '가치'로

가치란 상대적이고 개인적인 것_181 | 가격은 허망한 것_187 | 예술의 가격_192 | 생물의 가격_197 | 구름빵_199 | 가격적 사고메커니즘이 가져오는 도덕적이고 철학적인 오류들_200 | 가격은 가치를 위해 기꺼이 희생될 수 있는 것_202 | 가격에 의해 퇴색되는 가치들_203 | '경제적 사고' 그리고 '비경제적 사고'_207 | 사랑은 얼마입니까?_211 | '창조적 소비'를 행하자_213 | 소비행위에 묻어나는 인격_217 | 가치관과 소비행위를 일치시켜야 한다_219

Chapter 6
소비테크놀로지

'소비-테크놀로지'의 기본 개념_227 | 경영자의 마인드_231 | 소비의 목적_233 | 우리가 '소비테크놀로지'를 통해서 얻어낼 수 있는 긍정의 결과들_235 | 당신이 갖는 '어떤 물음'에 대한 '결코 자세하지 않은 답들_241 | 자기를 알아야 한다_243 | 모순을 포용해야 한다_246 | 디테일에 집착해야 한다_251 | 중요한 것에 집중해야 한다_254

책을 출간하며 257

chapter 1

'실패한 돈 이야기'를 넘어서

'실패한 돈 이야기'를 넘어서

실패한
돈 이야기들▪

요즘 같은 불경기에 부자 되는 방법을 팔았다가는 손가락질을 받기 십상이다. 이런 사실을 아는지, "여러분도 부자가 될 수 있습니다."를 연발하던 전문가들은 요즘 모두 어디론가 숨었다. 하지만 경기가 회복되면 그들은 다시 나타날 것이다. 그리고 다시 '똑 같은 이야기'를 반복할 것이다. 물론, 사람들은 전문가들의 이야기를 다시 믿을 것이다.

전문가들이 하는 돈 이야기가 계속해서 먹힐 수 밖에 없는 이유는, 사람들이 갖고 있는 은퇴에 대한 불안감 때문이다.

2000년대 초 중반부터 금융사들이 파지 줍는 빈곤층 노인들을 예로 들어 가면서 이를 '장수 리스크longevity-risk'라는 말로 표현하기 시작했다. 본격적으로 은퇴시장을 개척하면서 '은퇴 공포'를 조장하기 시작한 것이다.

마케팅은 성공적이었다. 사람들은 하루라도 빨리 은퇴를 준비하려 너도나도 적립식 펀드와 20년 납입의 개인연금에 가입을 했다. '펀드', 'CMA', '변액 연금' 따위의 금융상품들이 사람들에게 친숙해지기 시작한 것도 바로 이쯤 해서다.

금융사들에 의해 조성된 은퇴 불안감은 지금까지도 여전하다. 아니, 오히려 더욱 커졌다. 경기가 이 모양이 꼴로 안 좋으니 더욱 커질 수밖에 없다.

불안감에 전문가들에게 "어떻게 해야 하냐?"고 묻는다. 하지만 돌아 오는 답은 10여 년 전과 다름이 없다. "어디에 어떻게 투자하면 몇 퍼센트의 수익률을 얻을 수 있다.", "어떤 이유에 의해서 시장이 곧 상승할 것이다.", "장기투자가 정답이다.", "보험으로 위험에 대비해라." 결국은 재테크로 설명되는 '부자 되는 방법'들이다.

전문가들이 하는 돈 이야기는 모두 실패했다. 재테크열풍이 지난 지 이미 수년이 지났건만, 아무도 10억을 모으지 못했고, 아무도 부자가 되지 못했다. 오히려 더 쪼들리게만 되었다.

지금 우리에게는 돈에 대한 다른 이야기가 필요하다. 어디에 어떻게 투자하고, 보험은 어떻게 가입하고 따위의 이야기들은, 지금까지와 마찬가지로 앞으로도 우리의 마음속에 자리잡은 은퇴불안감을 쫓아내지 못할 것이다.

나는 이 장을 통해서, 우리에게 필요한 다른 돈 이야기가 과연 무엇인지를 설명할 것이다. 하지만 그전에 우선, 수많은 전문가들이 반복적으로 해왔던 실패한 돈 이야기들이, '어째서 실패한 돈 이야기'들인 지를 간단히 짚어보려 한다. 이것을 짚는 과정에서 우리는 우리에게 필요한 다른 돈 이야기가 무엇인지를 알 수 있게 될 것이다.

실패한 이야기 하나

"우리의 은퇴 후 생활은 엄청나게 암울하다."

금융사들의 은퇴 설계 프로그램으로 가장 널리 쓰이는 것이 바로 '재무설계'이다. 재무설계는 '프랑코 모딜리아니Franco Modigliani'의 '생애주기 가설life cycle hypothesis'에 근거를 두고 있다.

생애 주기 가설을 간단히 소개하자면, 일반적으로 사람의 소비는 전 생애에 걸쳐 일정하거나 서서히 증가하지만, 소득은 중년기에 가장 높고, 유년기와 노년기에는 낮은 것이 보통이며, 이 때문에 중년기에는 '양의 저축'을, 유년기와 노년기에는 '음의 저축'을 하게 된다는 것이다.

조금 더 쉽게 말하자면, 사람의 삶 전체를 놓고 봤을 때 수익이 소득보다 많아서 저축이 가능한 '양의 저축' 기간이 한정되어 있는데, 그 기간이 인생의 중년기라는 것이다. 때문에 '양의 저축' 기간인 중년기에 형성된 자산의 잉여분을 '음의 저축' 기간인 노년기에 나눠서 소비하려면 중년기에 구체적인 계획을 수립하고 실현해야 한다는 것이다.

여기서 재미있는 것이 하나가 있다. 바로, 금융사들이 삶 전체에서 일어나는 결혼이나 주택 구입, 자녀 교육, 퇴직 등의 사건을 일종의 이벤트로 규정하는데, 이 이벤트들을 생애 주기 가설 위에 수립하고 실현하는데 그들의 컨설턴트들이 도움을 준다는 것이다. 이는 참으로 엄청난 스케일이 아닐 수가 없다. 말은 그럴 듯하지만 결국은 재무 설계를 통해 개인에게서 얻어낼 수 있는 한정된 양의 파이를 모조리 먹어 치우겠다는 속셈인 것이다.

　이보다 더 재미있는 것은, 생애주기가설이 한국인들의 저축활동을 제대로 설명하고 있다는 뚜렷한 근거가 어디에도 없다는 사실이다.

　그럼에도 금융사들이 대단한 마케팅을 펼친 덕분에 생애주기가설을 기본 바탕으로 한 재무설계가 이미 자리를 잡아 하나의 새로운 시장을 형성하고 있다.

　사실 한국인의 저축 활동을 설명할 때는 생애주기 가설보다는 '피터 첼솜Peter Chelsom'의 '블랙커피 가설black coffee hypothesis'이 보다 더 효과적으로 사용된다.

　블랙커피 가설을 간단히 소개하자면 일반적으로 사람은 제1의 소득원에서 물러나도 어떤 형태로든 제2의 소득원을 찾아 소득활동을 계속 유지하려 하기 때문에 소득 활동 기간이 노년기의 중반까지 이어지게 된다는 것이다.

　제1의 소득원에 비해 제2의 소득원의 소득이 현저히 감소하는 경우가 있기는 하지만, 비슷한 시기에 자녀로 인해 유발되었던 소비가 해소되어 제2의 소득원에서 완전히 물러나기까지의 일정 기간 동안은 저축률이 중년기의 수준을 되찾거나 오히려 더 높은 수준을 보일 수도 있다는 것이다.

　조금 더 쉽게 말하자면, 사람은 어떤 식으로든 '양의 저축' 기간을 연장하려 하기 때문에 노년기의 중반까지 소득 활동을 계속해서 하게 되고, 자녀의 결혼을 마지막으로 대규모의 지출이 모두 끝나게 되면서 일시적으로 '양의 저축' 기간이 다시 찾아온다는 것이다.

　때문에 사람은 노년기에도 저축의 여력이 있고, 은퇴 시장에 팽배해 있는 불안감의 일종의 거품이라는 것이다.

실제로 주변을 둘러보면 60대 이상의 고령자들이 근로 현장에서 소득 활동에 참여하는 모습을 어렵지 않게 확인할 수 있다.

금융회사들은 제1의 소득원에서 물러나 제2의 소득원에서 소득활동을 계속 유지해 나가는 사람들을 철저하게 무시한다. 그리고는 자신들만의 일방적인 논리를 내세워 근로소득 발생 기간이 점차 단축되고 있다고 주장한다. 달리 말하자면, 소득 활동을 전혀 하지 않고 소비 활동만 하면서 살아가는 은퇴 생활의 기간이 점차 길어진다는 것이다.

금융사들이 제2의 소득원에서 이루어지는 소득 활동을 무시하고 있다는 것은 그들이 은퇴자를 정의하는 기준에서 확연하게 드러난다. 대부분의 금융사들이 가장 오래 근무한 직장에서의 퇴직, 즉 정년퇴직 한 사람을 '은퇴자'로 정의하고 있다. 하지만 이렇게 되면 은퇴자의 연령이 지나칠 정도로 낮아지게 될 뿐만 아니라, 정년퇴직 후 제2의 소득원을 찾아 소득 활동을 계속 유지하는 사람들을 무시하는 결과를 가져온다. 때문에 특정 연령(60세나 65세 이상)을 '은퇴자'로 정의하는 금융사들도 있다. 하지만 이 역시 단순 고령자와 은퇴자를 같은 사람으로 본다는 문제점이 있다. 고령자이면서도 근로 현장에서 소득 활동을 계속 유지하는 사람들까지 '은퇴자'로 정의하게 되는 것이다. 때문에 특정 연령대 이상이면서 근로소득이 0인 사람들을 '은퇴자'로 정의하는 금융사들도 있다. 하지만 이 역시 일시적인 실업과 은퇴를 구분하지 못한다는 문제점이 있다. 제1의 소득원에서 제2의 소득원으로 넘어가는 과정에서 찾아오는 일시적인 공백기일 수도 있다는 말이다.

보통 '소득 활동은 전혀 하지 않은 채 소비 활동만 하면서 여생을 살아가는 것'을 '은퇴'라고 정의한다. 따라서 제1의 소득원뿐만 아니라 제2, 제3의 소득원에서의 소득 활동, 즉 모든 소득활동을 완전히 떠난 상태가 되어야만 비로소 '은퇴'라고 할 수 있을 것이다. 이는 정년퇴직 따위와는 분명히 구별되어야 하는 개념이다.

우리가 제1의 소득원에서 물러나게 된다 하더라도 어떻게든 제2의 소득원을 찾아서 소득 활동을 계속 유지하게 된다면, 우리의 은퇴는 분명 금융사들이 주장하는 시기보다 한참 뒤에나 찾아올 것이다. 뿐만 아니라 심지어는 노년기 중 일시적으로 '양의 저축' 기간이 다시 찾아올 수도 있다.

우리가 이렇게 우리의 의지로 은퇴시점을 뒤로 미룬다면, 우리의 은퇴 후는 금융사들의 주장보다 훨씬 더 밝을 것이다. 생각해보자. 모든 노인이 파지를 줍는 것은 아니다.

실패한 이야기 둘

"저축만으로는 물가를 앞지를 수 없다."

어쨌든 미래는 불확실하고, 은퇴는 불안하다. 은퇴준비가 완벽하게 되어있는 한국사람은 그리 많지가 않다. 분명 은퇴에 대한 불안감을 모조리 부정할 수는 없을 것이다. 결국 평범한 우리는 어떻게 해서든지 잉여자금을 축적하려 노력하게 된다. 이때 우리가 가장먼저 떠올릴 수 있는 수단은 역시나 예·

적금, 즉 저축이다.

　전문가들은 말한다. "물가상승률 보다 금리가 낮아서 저축을 할수록 오히려 손해를 보는 상황이 벌어진다. 때문에 저축은 안 된다." 전문가들의 주장은 늘 여기에서 수렴한다.

　다음의 기사를 살펴보자.

　　은행 예금 금리가 물가상승률도 따라가지 못하는 상황에서는 원금보장에만 집착하지 말고 인컴income펀드나 주가연계증권els등 중 위험 중 수익을 안겨주는 상품에 관심을 가지라는 게 전문가들의 조언이다.
　　　_〈예금 금리 1%시대… "중장기 노리고 펀드 분산 가입을"〉 한국일보, 2013.05.13.

　결국 이렇게 저축대신 투자가 답으로 제시가 되고, 투자에 대해 잘 아는 전문가가 필요하다는 결론에 까지 이르게 된다.

　잠시만 생각해보면 전문가는 무조건 이런 결론을 이끌어 내야 한다는 사실을 알 수가 있다. 우리가 쉽게 접해 잘 알고 있는 저축만으로도 은퇴준비가 된다면, 우리에게 전문가는 필요가 없으니까 말이다. 전문가들이 저축의 효과를 긍정한다는 것은, 스스로 자신들의 밥그릇을 내던지는 것과 같다.

　전문가들은 사람들에게 물가상승률이 마치 실제의 물가인 것처럼 호도한다.

　우리같이 평범한 사람들이 접하는 물가에는 다음의 3가지 종류가 있다.

첫째, 지표물가

둘째, 체감물가

셋째, 주머니물가

전문가들이 금리보다 높다고 표현하는 것이 바로 지표물가이다. 지표물가는 발표를 위해 만들어진 가상의 물가이다. 가계소비지출에서 차지하는 비중이 높은 것들을 대상으로 400개 이상의 표본을 추출한 다음에, 그것들의 가격을 모두 더하고 곱하고 나눠서, 숫자로 표현되는 물가를 산출해 낸다. 그러니까, 만약 이 지표물가가 우리들 주머니에 실제의 물가로 다가오려면, 우리는 매년 표본에 포함되어 있는 400개 이상의 것들을 모조리 다 소비해야만 한다. 물론, 이것은 불가능한 일이다. 냉장고 따위를 매년 살수도 없는 일이고, 표본에 포함되어 있다고 특정 브랜드의 물건을 억지로 살 수도 없는 노릇이다. 그래서 지표물가는 그냥 발표를 위한 가짜 물가이다. 이것은 절대 우리의 디테일 한 실생활과는 상관이 없다.

체감물가는 말 그대로 우리가 느끼는 물가이다. 시장에 가서 눈으로 어떤 것의 오른 가격을 확인 했을 때, 우리가 체감하는 그 오름의 폭, 그것이 바로 체감물가이다. 물론 이것 역시 가상의 물가이다. 엄청 오른 가격을 보고 "헉!"하고는 소비를 아예 하지 않으니까 말이다. 그래서 체감은 언제나 체감일 뿐, 결코 우리들 주머니에 실제로 다가오지는 못한다.

주머니물가가 바로 진짜 물가이다. '수십 번 망설이고 버티고 깎은 뒤에' 겨우 사는 것, 그래서 결국에 주머니에서 실제의 돈으로 나가게 되는 것, 그것이 바로 주머니물가이다. 이 물가가 바로 우리의 실생활과 밀접한 연관이 있는 '진짜 물가'이다.

　물가의 크기는 보통 '체감물가 〉 지표물가 〉 주머니물가'의 순으로 정렬이 된다.

　체감물가는 말 그대로 체감이기 때문에 실제보다 훨씬 더 크게 와 닿는다. 그래서 언제나 과장된다. 시장에 가서 물건을 살 때, 오르기 전의 가격은 기억도 하지 못하면서 '엄청나게 올랐네'라고 생각한 경우가 있을 것이다. 여기서 중요한 건 '엄청나게'이다. 체감물가는 늘 이렇게 추상적으로 다가온다. 하늘만큼 오르기도 하고, 백두산만큼 오르기도 하는 것이 바로 체감물가이다. 별수 없다. 느낌을 숫자로 표현할 수는 없으니까 말이다. 때문에 체감물가는 지표물가와 주머니 물가보다 월등히 앞선다.

　주머니물가는 실제로 주머니에서 나가는 돈이다. 때문에 그 크기가 가장 작다. 얼마 전에 CGV가 영화 예매권 값을 1,000원 올렸다. 이제 8,000원이던 것은 9,000원, 9,000원이던 것은 1만원이다. 애인이랑 영화를 보러 갔다가 깜짝 놀랐다. '헉! 무지하게 올랐네!' 상승률로 환산을 하면 무려 10%이상이다. 그래서 나와 애인은 그날의 영화관람을 포기하고, 다음날의 조조영화를 예매했다. 물론, 할인이 되는 체크카드로 예매했다. 그렇게 나와 애인은 각각 2,500원으로 영화를 봤다.

　이렇게 우리 실생활에 관련되어 있는 실제의 주머니물가는, 소비자의 의지에 의해서 얼마든지 탄력적으로 조정이 가능하다. 그러니까, "물가상승률이 금리보다 높아서 저축할수록 손해를 본다"는 전문가들의 말은 새빨간 거짓이다. 저축으로 손해를 보는 일은 절대 발생하지 않는다.

실패한 이야기 셋

"전문가는 미래를 예측한다."

저축이야기에 열을 올리는 전문가는 없다. 전문가는 언제나 투자 이야기에 열을 올린다. 저축이야기를 해서 전문가로 대접받기는 힘들다. 중학생도 할 줄 아는 것이 저축이니까 말이다.

지금의 작은 수익을 유보해서, 미래에 더 큰 수익을 얻는 것을 목적으로 하는 것이 바로 투자이다. 그렇다. 투자란, 미래에 돈을 거는 것이다. 때문에 모든 전문가들이 미래예측에 대해서 이야기를 한다. 이렇게. "하반기에는 주식이 반등할 것이다.", "내년에는 집값이 뛸 것이다."

그런데 여기서 한 가지 의문점이 있다. 그들이 그토록 미래를 잘 예측한다면, 어째서 마이크로소프트의 빌 게이츠나 삼성그룹의 이건희 회장만큼의 거부巨富가 되지 못했냐는 점이다.

만약 그들이 특정 시간의 주식 시장 변동을 예측할 수 있다거나 어떤 기술 분야가 상업적으로 성공할 것인지를 예측할 수 있다면, 혹은 곡물 수확시기의 기후를 예측할 수 있다면 주식 시장이나 상품시장에서 한 순간에 수십억 원의 수익을 얻을 수 있을 텐데 말이다.

어째서 전문가들은 자신들이 그토록 자랑스러워하는 예측 능력을 이용해서 거부의 반열에 오르지 않고, 사람들에게 예측을 팔아서 먹고 사는 것일까? 과연 그들이 미래를 예측할 수 있기나 한 걸까?

'가위, 바위, 보의 요정 이야기'에 답이 있다.

 동네 꼬마들이 딱지 내기 가위, 바위, 보를 하던 중 한 꼬마가 우연히 10연승을 하게 됐다. 이게 웬일인가 싶어 깜짝 놀란 것도 잠시, 이내 장난기가 발동한 꼬마는 친구들에게 거짓말을 한다.
 사실 자신은 가위, 바위, 보의 요정과 알고 지내는 사이이며, 그 요정이 무엇을 내야 가위, 바위, 보에서 승리할 수 있는지를 예측해서 말해 주곤 한다고 말했다. 또한 요정의 예측은 기가 막히게도 맞아 떨어지며, 딱지 하나를 주는 친구에게는 무엇을 내야 다음번 가위, 바위, 보에서 승리할 수 있는지를 귀띔해 주겠다고 말했다.
 이 말에 속은 친구들이 너나 할 것 없이 꼬마에게 딱지를 주고 다음번 가위, 바위, 보에서 어떤 걸 내야 승리할 수 있는지를 귀띔 받았다. 물론 가위, 바위, 보의 요정과 알고 지낸다는 꼬마의 말은 거짓이었기 때문에, 꼬마의 말을 들은 친구들은 이기기도 하고 패하기도 했다.
 다음 날 가위, 바위, 보에서 이긴 친구들은 가위, 바위, 보 요정의 신비한 능력을 자랑하며 새로운 친구들을 데려왔고, 게임에서 진 친구들은 꼬마에게 찾아와 따지기 시작했다. 꼬마는 따지러 온 친구들에게 단호하게 말했다. '친구들이 가위, 바위, 보의 요정을 진심으로 믿지 않았기 때문에 요정이 화가 나서 거짓을 말했으며, 다시 딱지를 가져오면 이번에야말로 가위, 바위, 보 게임에서 이길 수 있도록 해주겠다'고 말이다. 이런 일들이 반복되기를 일주일, 결국 꼬마는 동네에서 가장 많은 딱지를 갖게 되었다.

이 이야기는 전문가들이 어떻게 돈을 벌어들이는 지를 설명하기 위해서 내가 만들어낸 이야기다. 꼬마는 가위, 바위, 보 게임에서 이길 수 있다는 요정의 예측을 팔아서 딱지를 벌어들였다. 정작 예측이 틀렸을 경우에 생기게 될 모든 위험을 친구들에게로 전가시킨 채 말이다.

꼬마는 행운의 10연승을 거둔 뒤의 가위, 바위, 보 게임에서 이길 자신이 없었다. 만약 꼬마가 정말로 가위, 바위 보의 요정이나 필승의 전략을 알고 있어서 승리를 확신할 수 있었다면, 굳이 자신의 예측을 다른 친구들에게 팔 이유도 없었을 것이다.

전문가들 역시 가위, 바위, 보 게임에서 우연히 10연승을 거둔 꼬마와 크게 다르지 않다. 설사 그들의 예측이 과거 몇 번의 좋은 성적을 거두었다고 할지라도, 그들이 시장의 영웅이라 할지라도, 그것은 우연, 즉 행운이다. 그들은 다음 번에도 이길 수 있다는 확신이 없다. '그래서 예측을 판다.'

조금 지난 이야기를 해야 할 것 같다.

2011년 7월, 각 증권사의 스타 애널리스트들이 8월의 코스피 지수 예측 범위를 발표했다. 대신증권은 2,050~2,250, KTB증권은 2,200~2,300, 삼성증권과 대우증권은 2,100~2,300으로 발표했다. 이에 대해 애널리스트들은 다음과 같은 의견을 내놓았다.(애널리스트들의 이름은 가명이다.)

▲서동욱 대신증권 시장전략 팀장: "위험이 완화되면 증시는 하반기 국내외 경기 모멘텀의 강화 가능성에 관심을 둘 것이다." ▲김우용 KTB 투자증권 연구원: "3분기부터 미국의 경제성장률이 회복되고, 중국의 견고한 성장, 인플레이션 압력 둔화, 한국 수출경기 호조 등 국내외 경제 펀더멘털이 긍정적이다." ▲명노현 삼성증권 투자정보 팀장: "그리스 위기의

정점을 지났다는 사실이 중요하다. 미국 디폴트, 신용등급 하향 우려는 지나친 과장이어서 주식 시장은 낮아지는 리스크에 주목할 것이다." ▲홍광섭 대우증권 투자전략 팀장: "8월에는 유럽 재정 문제 봉합, 미국 국채발행 한도 상향 조정 등이 이루어지면서 정책 불확실성이 완화될 것이다."

다른 애널리스트들의 말도 들어보자.

▲신영섭 신한금융 투자 투자전략 팀장: "8월 초 미국 부채 한도 증약 합의, 옵션 만기 변수로 2,200 돌파에 시간이 필요하다. 다음 달에는 2,200에 안착하려는 시도가 이어질 것이다." ▲최재길 교보증권 투자 전략 팀장: "아직 위험이 잠재되어 있고, 이익 모멘텀이 약해 지수 상승에 저항이 있을 것이다. 투자자를 지치게 하는 장기 악재는 없겠지만, 재정 위기와 펀더멘탈 모멘텀 약화 등 일시적인 악재는 등장할 수 있다"(그리고 8월의 코스피 지수 하단을 2,000이라 말했다.)

과연 고액 연봉으로 유명한 각 증권사의 스타 애널리스트들이 발표한 이 예측들이 어디까지 맞았을까? 이들의 주장처럼 8월의 코스피 지수가 2,000~2,300사이를 오르내렸을까? 그들의 연봉만큼이나 그들의 예측능력이 대단할까?

증권 시장의 실제 경과는 다음과 같다.

8월 1일에 2,160.09로 시작한 코스피 지수는 급격하게 추락하기 시작했고, 급기야 8월 5일에는 2,000선이 무너져 내렸다. 8월 9일에 1,684.68까지 떨어진 증시는 그 뒤 단 한번도 2,000선을 회복하지 못한 채 결국 8월 31일에 1,880.11로 마감했다.

나는 2011년 8월을 잊지 못한다. 그 달, 주식시장은 정말 완벽하게 폭락했다. 아마도 당신은 책을 읽으면서 숫자로 지수를 느끼기 때문에 그 달의 폭락이 피부에 와 닿지 않을 것이다. 그래서 참고로 말하자면, 8월 한달 사이에 내가 뉴스를 통해서 접한 주식 투자 실패로 자살한 사람만 3명이었다.

내가 신기하게 생각하는 것은, 전문가들의 형편없는 예측능력이 아니다. 예측이 가능했다면 예측을 팔 필요도 없으니까, 예측이 '뻥'이라는 사실은 아주 쉽게 짐작할 수가 있다. 다만, 내가 신기하게 생각하는 것은, 사람들이 전문가들의 과거를 전혀 추적하지 않는다는 사실이다.

언젠가 시간이 남아돌면, 우리나라 전문가들의 과거 예측들을 모조리 수집해서 점수를 한번 매겨봐야겠다.

실패한 이야기 넷

"보험으로 위험을
대비해야 한다."

우리가 보험에 가입하는 이유는 감기 치료비 2~3천원을 보장받기 위해서가 아니다. 수 천 만원, 혹은 수 억 원의 돈이 필요할지도 모르는 절체절명의 위기 순간을 위해서이다. 그런데 이렇게 중요한 보험을 가만히 들여다보면, 아이러니 하게도 우리와 보험사의 이해관계가 서로 완전히 상충된다는 사실을 알 수가 있다. 보험사는 우리가 손해를 보아야 이득을 얻고, 우리는 보험사가 손해를 보아야 이득을 얻는다. 다음의 명제를 살펴보자.

"보험사가 우리에게 보험금을 지급하면 보험사는 손해를 본다.(하지만 우리는 이득을 얻는다.) 보험사가 우리에게 보험금을 지급하지 않으면 보험사는 이득을 얻는다.(하지만 우리는 손해를 본다.)"

어떤가? 분명 거부할 수 없는 '진리'이다. 이렇게 우리와 보험사는, 축구 경기의 승부차기 상황에서 골키퍼와 공격수와 같은 대치 상황에 놓여있다.

보험을 게임이라고 가정해보자. 2인의 플레이어가 게임을 펼친다. '플레이어1'은 당신이고, '플레이어2'는 보험사이다. 서로 각자가 최대의 이익을 위해서 노력한다. 각자의 플레이어가 구사할 수 있는 최선의 전략을 살펴보자.

우선 플레이어1인 당신의 전략부터 살펴보자. 당신이 최대의 이익을 얻기 위해서는 반드시 다음의 전략을 구사하여야 한다.

"보험료는 적게 내고, 보험금은 많이 받는다."

단순하다. '내는 돈은 적게, 받는 돈은 많이.' 이것이 바로 당신이 구사해야 할 전략의 핵심이다. 당신은 보험가입 시점과 사고의 발생 시점을 최대한 근접하게 조작해야 한다. 그리고 사고를 아주 빈번하게 발생시켜야 한다. 쉽게 말해서, 보험에 가입을 하자마자 암에 걸리거나 차에 치어야 하고, 몸이 회복되기가 무섭게 또다시 암에 걸리거나 차에 치어야 한다. 그러면 당신은 최대의 이익을 얻을 수가 있다. 실제 우리주위에는 이런 식의 전략을 구사하는 작자들이 있다. 우리는 보통 이들을 일컬어서 '보험사기꾼'이라고 부른다.

이제 플레이어2인 보험사의 전략을 살펴보자. 보험사가 최대의 이익을 얻기 위해서는 반드시 다음의 전략을 구사하여야 한다.

'보험료는 많이 받고, 보험금은 적게 준다."

이것 역시 단순하다. '받는 돈은 많이, 주는 돈은 적게.' 이것이 바로 보험사가 구사해야 할 전략의 핵심이다. 보험사는 청약서와 약관 등에 여러 함정들을 파놓아야 한다. 그래서 당신이 보험금의 지급을 요청했을 때, 그때에 그것들을 이용해서 보험금의 지급을 일언지하―言之下에 거절해야 한다. 그렇다. 보험사는 보험료는 꼬박꼬박 받되, 보험금은 잘 주지 않아야 한다. 마땅히 주어야 할 보험금을 주지 않았을 때, 보험사는 그때에 꿀 같은 이익을 얻는다. 그리고 그것의 규모가 커질수록 이익도 커진다.

실제 보험사는 이런 식의 전략을 탁월하게 구사하고 있다. 올해(2012년) 7월 업계의 자료에 따르자면 우리아비바생명이 100건 중 10건 정도(9.48%)에 걸쳐서 보험금을 지급하고 있지 않은 것으로 나타났다. 그리고 KB생명은 100건 중 5건 정도(4.63%)에 걸쳐서 보험금을 지급하고 있지 않은 것으로 나타났다.

이상 '부지급 보험금'의 건수가 가장 많은 두 곳을 언급했다. 정도의 차이만 있을 뿐이다. 현재 모든 보험사들이 보험금의 지급을 어느 정도씩은 거절하고 있다.

건수에 대한 수치가 중요한 것은 아니다. 중요한 것은 보험사가 '최대의 이익을 얻기 위한 최선의 전략'을 정말로 구사하고 있다는데 있다. 보험사가 그 전략을 100건 중에 10건에 걸쳐서 구사를 하던지, 100건 중에 1건에 걸쳐서 구사를 하던지 간에, 그것들은 정말로 중요하지가 않다. 그것들은 그저 확률이니까 말이다.

사건의 확률은, 확률 그 자체만으로는 어떠한 의미도 갖지 못한다. 확률은 오직 사건이 발생했을 때 빚어지게 될 어떤 '문제의 규모'와 연계되어야지 만이, 그때서야 비로소 의미를 갖게 된다.

당신이 내일 어떤 게임에 참가를 하게 된다고 생각해보자.

내일 아침 9시가 되면, 당신과 당신의 친구들을 포함한 100명의 젊은이들이 동네 초등학교의 운동장에 모이게 될 것이다. 어떤 게임을 하려고 말이다. 게임의 이름은 '확률게임'이다. 게임의 진행자인 내가 9시 30분에 도착할 것이다. 나는 K2소총을 들고 갈 것이다. 운동장에 모인 100명의 젊은이 중의 한 명을 쏘려고 말이다. 나는 아직 누구를 쏠지 정하지 않았다. 그냥 거기 가서 마음에 안 드는 젊은이를 하나 쏠 참이다.

100분의 1의 확률로 총에 맞는 젊은이가 술래이다. 그렇다. 술래는 내일 어지간히도 운이 나쁘다. 나머지 99명의 운 좋은 젊은이들은 비명을 지르면서 사방팔방으로 도망가면 된다. 내가 마음이 바뀌어서 총을 한발 더 쏘기 전에 말이다. 이것이 확률게임의 전부이다.

  자, 어떤가? 이것이 바로 100분의 1의 확률이다. 사건의 발생 확률이 제아무리 낮다 해도, 그 사건이 발생했을 때 빚어지는 문제의 규모가 감당할 수 없는 수준이라면, 반드시 그 사건의 발생에 대한 대비책을 마련해두어야 한다. 그런데 지금 우리에게는 보험사의 배신에 대한 아무런 대비책이 없다.

  경남에 사는 조민훈(가명)씨는, 2008년 4월에 덤프트럭에 추돌을 당해서 추간판탈출증으로 227일간의 입원치료를 하고 장애진단을 받았다. 마침 2004년 2월에 삼성생명의 리빙케어종신보험에 가입을 했던 터라, 삼성생명에게 장애보험금의 지급을 요청했다.

  그런데, 삼성생명이 이렇게 말을 했다. "조민훈씨, 미안하지만 보험금을 지급해드리지 못하겠습니다. 조민훈씨의 장애진단서를 발급해준 병원의 의사에게 물어보니, 조민훈씨의 장애원인은 교통사고가 아니라, '퇴행성디스크'라고 합니다." 조민훈씨는 곧장 장애진단서를 발급해준 의사에게로 갔다. 그리고는 "정말 삼성생명의 말이 맞느냐?" 라고 물어보았다. 그러자 의사가 말했다. "아니요. 저는 그런 말을 한적이 없는데요." 그랬다. 삼성생명이 조민훈씨에게 거짓말을 했다. 그것도 금방 들킬 어설픈 거짓말을.

  조민훈씨는 화가 머리끝까지 치밀어 올랐다. 조민훈씨는 "왜 거짓말을 했느냐?"며 삼성생명에게 따져 물었다. 그러자 삼성생명이 말했다. "사실은, 저희 회사 자문의사가 퇴행성디스크라고 했습니다." 조민훈씨는 그 말에 할 말을 잃었다. 자신은 삼성생명의 자문의사라는 자를 한번도 만나본 적이 없는데, 그 얼굴 모를 자문의사가 자신의 상태를 퇴행성디스크라고 진단 내린 것이다. 삼성생명은 조민훈씨를 직접 보고 만져본 후에 장애진단서를 발급해준 실제의 담당 병원 의사보다, 조민훈씨를 한번도 본 적이 없는 얼굴 없는 자문의사가 훨씬 더 믿을 수 있다고 주장했다.

조민훈는 다시 따져 물었다. "그러면 대체 나를 보지도 않고 내 상태를 진단 내린, 그쪽 회사의 자문의사라는 사람은 누구입니까? 그리고, 어디 그 자문의사라는 사람의 자문 내용이나 한번 살펴봅시다." 그러자 삼성생명이 말했다. "쉿! 묻지 마세요. 비밀이거든요. 어쨌든, 퇴행성디스크라서 보험금을 지급해 드릴 수는 없습니다."

2010년 10월, 보험소비자연맹이 보도자료를 통해서 발표한 실제의 사례이다. 흥미롭다. 삼성생명은 환자를 보고 만진 주치의의 진단서를 믿지 못하겠단다. 그리고는 환자를 전혀 본적도 없는 누구인지 밝힐 수 없는 유령의사의 소견서를 믿겠단다.

인터넷을 조금만 검색해보면, 이런 식의 이야기가 우리 주위에서 여러 버전으로 생겨나고 있다는 사실을 알 수가 있다. 조민훈씨의 예가 언제든지 우리의 예가 될 수도 있다는 말이다.

전문가들은 다음의 4가지를 '이상적인 보험의 조건'으로 든다.

1. 충분한 보장
2. 폭넓은 보장
3. 장기간 보장
4. 적정한 보험료

전문가들이 주로 하는 일은, 위의 4가지 조건에 맞는 보험들을 발굴하고,

설계하는 것이다. '그래서 전문가들의 수고는 언제까지나 헛수고이다.' 위의 4가지는, 말 그대로 '이상적인 보험의 조건'일 뿐이니까 말이다. 위의 4가지가 조건으로서의 온전한 힘을 발휘하려면, 반듯이 이것에 선행하는 어떤 '원초적 조건'이 충족되어야 한다. 그 원초적 조건은 바로, "보험사가 배신을 하지 않아야 한다." 이다. 그런데, 이 원초적 조건은 결코 충족이 되질 않는다. 그렇다. 보험으로는 위험을 대비할 수가 없다.

돈에 대한 새로운
이야기가 필요하다

실패한 돈 이야기들을 간단히 4가지만 살펴봤다.

전문가들은 경기가 다시 좋아지기만을 숨죽여 기다리고 있다. 아마도 이 4가지를 포함한 실패한 돈 이야기들은 그때 다시 반복될 것이다.

나는 우리에게 정치 이야기가 필요하다고 생각한다. 돈 이야기는 투자이야기가 아닌, 정치 이야기로 흘러가야 한다.

돈은 근로를 통해 벌어들이는 것이다. 근로가 전제되지 않는다면 돈에 대한 이야기는 성립이 되질 않는다. 우리의 은퇴 후 생활이 금융사들이 주장하는 것만큼 끔찍하지 않으려면, 우리는 반드시 우리의 의지로 근로기간을 연장해야만 한다. 그런데 노인이 된 우리를 받아줄 사업장이 그만큼 있지가 않다. 이 부분은 개인의 힘만으로는 어찌 풀어나갈 수가 없다.

　보험문제도 마찬 가지이다. 생애 의료비의 대부분은 노년에 집중되어 있다. 이것이 두려워 보험사가 운영하는 보험에 가입을 하는 건데, 앞서 살펴본 것처럼 우리와 보험사의 이해관계가 정 반대라서 보험으로는 노년의 의료비(위험)를 대비할 수가 없다. *결국은 국가가 운영하는 '국민건강보험'의 보장수준을 높이는 수밖에 없다.

***결국은 국가가 운영하는 '국민건강보험'의 보장수준을 높이는 수밖에 없다:**
현재 국민건강보험의 평균 의료비 보장수준은 약 62퍼센트 정도이다. 사람들이 의료비(병원비)라고 부르면서 두려워하는 것이 바로, 국민건강보험이 보장해주지 못하는 나머지의 38퍼센트이다.(병원의 진료비 영수증을 살펴보면 이 내용을 확인할 수 있다.)

　이 내용을 그림으로 표현하자면 다음과 같다.
　파란색으로 표시된 부분(본인부담금 38%)이 바로 의료비의 정체이다. 저것을 없애려면 과연 어떻게 해야 할까? 그렇다. 하늘색의 보험자부담금(국민건강보험의 보장수준)을 키워서 파란색을 없애면 된다.

| 보험자부담금 62% (국민건강보험의 보장수준) | 본인부담금 38% |

총진료비

이 내용을 다시 그림으로 표현하자면 다음과 같다.

보험자부담금 100% (국민건강보험의 보장수준)

총진료비

어떤가? 아주 간단하지 않은가? 국민건강보험의 보장수준을 지금보다 조금만 더 키우면 되는 것이다.

각종의 자기계발서들은 자수성가한 이들을 롤모델로 내세우며, '개인의 부는 오직 개인의 힘만으로 이루어 낼 수 있다'고 역설한다. 사람들은 이런 책들을 읽으며 자신도 노력만 하면 얼마든지 부자가 될 수 있을 거라 생각하고 위안을 얻는다. 이런 주장과 생각은 분명 상당한 매력을 지니고 있다. 하지만 논리적으로는 완벽한 오류이다. 만약 부가 온전히 한 개인의 노력에만 달려 있다면, 부자가 되는데 실패한 어떤 개인은 '오직 그 개인이 노력하지 않았기 때문에 실패한 것'이라는 잘못된 결론에 도달하고 만다. 생각해보자. 당신과 나는 게을러서 부자가 되지 못한 걸일까?

나는 돈 이야기가 정치 이야기로 곧장 흘러갈 수 없다는 사실을 잘 안다. 우선은 우리들의 목구멍이 포도청이니까 말이다. 언제 응답할지 모르는 정치판에 에너지를 쏟아 붓기에는, 지금의 우리가계가 너무나도 위태롭다. 하지만 그렇다고 실패한 돈 이야기, 즉 투자이야기를 계속해서 할 수는 없다. 그 이야기들은 새빨간 거짓이니까 말이다. 그래서 내가 생각해낸 것이 바로 소비이야기이다.

　우리는 우선 소비이야기부터 시작해야 한다. 소비이야기를 시작으로 실제의 소비 규모를 줄이고, 그렇게 해서 안정된 가계를 기반으로, 정치이야기를 천천히 시작해야 한다.

　그러니까, 우선은 소비이야기부터 시작이다.

돈에 대한 이야기 하나 만으로는
돈에 대한 문제들을 모두 풀어낼 수 없다

"돈은 우리 삶의 거의 모든 것에 영향을 미친다." 일부 보헤미안적인 사고방식을 가진 사람들은 돈이 우리 삶의 거의 모든 것에 영향을 미친다는 내 주장이 물질 만능주의나 자유시장경제 따위를 표방하기 위함이라고 생각할 수도 있겠다. 당신의 생각이 어떻든 간에 내 주장은 여지 없는 사실이다. 만약 당신이 내 주장에 반박하려 하는 일부 보헤미안적인 사고방식을 가진 사람이었다면, 나는 아주 간단한 사고실험을 통해서 내 주장이 옳았음을 증명해 보일 수도 있다.

당신을 포함한 내 주장에 반박하려는 사람들 모두에게 내가 노트를 하나씩 선물했는데, 그 노트의 겉 표지에 이런 문구가 적혀있다고 생각해보자. "노트를 펴 노트의 왼쪽에는 당신의 삶에서 돈이 영향을 미친다고 생각하는 것들을 적고, 오른쪽에는 당신의 삶에서 돈이 영향을 미치지 않는다고 생각하는 것들을 적으시오." 돈이 우리 삶의 거의 모든 것에 영향을 미친다는 주장을 증명하기 위한 내 노력이 가상해 사람들이 노트의 왼쪽과 오른쪽을 채워나가기 시작한다.

나는 사람들이 노트의 왼쪽에 무엇을 적었고, 오른쪽에는 무엇을 적었는지를 전혀 알 수가 없다. 내 삶에 '영향을 미친다.' 혹은 '영향을 미치지 않는다.'를 판단하는 것은 내게 노트를 선물 받은 사람들 각각의 주관적 잣대에 의한 것이기 때문이다. 틀림없이 누군가가 오른쪽에 적은 것을 또 다른 누군가는 왼쪽에 적었을 것이고, 누군가가 왼쪽에 적은 것을 또 다른 누군가는 오른쪽에 적었을 것이다.

　이 사고실험에서 중요한 것은 사람들이 노트의 왼쪽과 오른쪽에 무엇을 적었는지가 아니다. 바로 사람들이 노트의 왼쪽에 적은 것들의 수가, 노트의 오른쪽에 적은 것들의 수보다 압도적으로 많을 것이라는 사실이다. 우리는 굳이 실제 노트를 펴 실험을 해보지 않더라도 노트의 왼쪽에 적은 것들의 수에 비해 노트의 오른쪽에 적은 것들의 수가 형편없는 수준일 것이라는걸 쉽게 추론해 낼 수 있다. 그리고 나는 사람들이 노트의 왼쪽에 적은 것들을 '삶의 거의 모든 것'이라고 표현한다.

　사실 노트의 오른쪽에 적을 것이 단 한가지도 떠오르지 않았던 나로서는 '거의'라는 완충적 작용을 하는 부사를 빼고 싶지만, 위에서 말했다시피 내 삶에 '영향을 미친다.' 혹은 '영향을 미치지 않는다.'를 판단하는 것은 내게 노트를 선물 받은 사람들 각각의 주관적 잣대에 의한 것이기 때문에 그대로 두기로 하자. 어쨌든 사람들이 노트의 왼쪽에 적은 것들은 '우리 삶의 거의 모든 것'이라고 표현하기에 전혀 무리가 없는 것들이다.

　돈이 우리 삶의 거의 모든 것에 영향을 미친다는 사실은 돈이 우리 삶의 거의 모든 것들과 상호 유기적인 관계를 형성하고 있다는 사실을 말해주는 것이기도 하다. 우리는 이 같은 사실을 통해 돈에 대한 이야기 하나 만으로는, 절대 지금 우리들이 당면해 있는 돈에 대한 문제들을 모두 풀어낼 수는 없다는 것을 알 수 있다. 지금 우리들이 당면해있는 돈에 대한 문제들은 돈에 대한 문제이기도 하면서 사실 삶에서 일어나는 다른 여러 가지 것들에 대한 문제이기도 한 것이다.

이를 좀더 알기 쉽게 설명하기 위해서 신체적 장애를 이유로 직장을 구하는 것에 어려움을 겪고 있는 이가 있다고 한번 가정해보자. 당연지사 뚜렷한 직장이 없는 그는 벌어들이는 수입이 일정치 않아서 늘 돈에 대한 문제로 씨름을 하고 있다. 지금 이 장애인이 당면해있는 돈 문제가 과연 돈에 대한 문제이기만 할까?

이 장애인이 당면한 문제는 비단 돈의 문제일 뿐만 아니라 장애인 고용에 인색한 기업의 문제다. 또한 장애인 복지정책에 미온적인 태도를 가진 정부의 문제이기도 하면서, 장애인을 대하는 사회의 잘못된 인식 문제다. 돈 문제에서 시작된 삶의 문제들은 단순히 '돈'을 넘어서 여러 사회적, 정치적, 문화적 등의 문제와 촘촘히 엮여 있다. 마치 캐면 캘수록 잇따라 딸려 나오는 고구마 줄기들처럼 얽히고 설켜있는 것이다.

정치판에 몸을 담고 있는 국회의원들이 허술하게 만들어놓은 법률 단 한 줄로, 멀쩡하던 가정이 파괴 직전의 위기에 몰리기도 한다. 비근한 예를 한 가지만 들어보라 한다면 나는 『채권의 공정한 추심에 관한 법률』에 대한 이야기를 하고 싶다.

이 법률의 '제9조 2호'에는 '정당한 사유 없이 반복적으로 또는 야간(오후 9시 이후부터 다음 날 오전 8시까지를 말한다.)에 채무자나 관계인을 방문함으로써 공포심이나 불안감을 유발하여 사생활 또는 업무의 평온을 심하게 해치는 행위'를 금지한다고 명시하고 있다. 그런데 이 법률은 '반복적으로 또는 야간'이라는 단 아홉 글자 때문에 '채무자의 인간적인 삶과 평온한 생활을 보호한다'는 본 법률의 일부 목적을 전혀 달성하지 못하고 있다. 간헐적이거나 주간에 이뤄진 방문이나 전화 빚 독촉은 전혀 문제를 삼을 수가 없기 때문이다.

어쩌면 당신은 채권추심업체의 '악랄하면서도 합법적인' 빚 독촉을 경험해보지 못했을 수도 있다. 나 역시 직접적으로 경험해 보지는 못했다. 하지만 주위 몇몇 친구들을 통해서 저 아홉 글자가 얼마나 끔찍한 것인지를 간접적으로 경험한적은 있다. 내가 저 법률을 괜히 알고 있는 것이 아니다.

내 친구들의 가족은 주간에 집에 있으면서도 아무도 없는 것처럼 인기척을 숨겨야 했고, 휴대전화를 끄고 외부와의 모든 연락을 차단해야만 했다. 그리고 혹시 중요한 연락이 온 것 있나 싶어서 잠시 휴대전화의 전원을 켤 때면 밀려들어오는 '악랄하면서도 합법적인' 빚 독촉 메시지들에 늘 괴로움을 느껴야 했다. 나는 친구들이 괴로워할 때 마다 이렇게 말해줬다. "채무자는 범죄자가 아니야."

돈이라는 수단을 통해
이루고자 했었던 원래의 목적 *

돈은 연필이나 빵처럼 숫자로 셀 수 있는 하나의 상품이다. 초등학생인 내 조카는 문방구에서 500원이라는 돈을 주고 연필을 산다. 그런데 이것을 역지사지易地思之로 생각해 본다면, 문방구 주인은 내 조카에게 연필을 주고 500원이라는 돈을 사는 것이 된다. 문방구 주인과 내 조카가 연필과 500원이라는 돈이 서로 같은 가치를 지닌 상품이라 생각하고 교환을 한 것이다. 하지만 문방구 주인은 연필이 자신의 삶 거의 모든 것에 영향을 미친다고는 절대 생각하지 않을 것이다. 돈이나 연필이나 하나의 상품일 뿐인데, 어째서 연필이라는 상품은 돈이라는 상품처럼 문방구 주인의 삶 거의 모든 것에 영향을 미치지 못하는 것일까?

이번에는 내 조카가 500원이라는 돈과 교환한 연필을 가지고 귀가하는 길에 배가 고파졌다고 생각해 보자. 내 조카는 집 앞 슈퍼마켓에서 500원짜리 빵과 연필을 서로 교환할 수 있을까?

돈은 연필이나 빵과 같은 일반적인 상품들과는 다르게 우리 삶을 이루는 온갖 것들과의 교환이 용이하다.(분명, 내 조카가 연필과 빵의 교환을 성사시킬 가능성은 매우 희박하다. 만약 이 교환이 성사가 된다면 나는 '참 재미있는 세상'이라며 한동안 술자리에서 이 이야기를 꺼낼 것이다.) 돈이 가진 '교환의 용이성', 이것이 바로 돈이 우리 삶의 거의 모든 것에 영향을 미치는 이유이다.

만약 이런 특성의 돈이라는 상품이 없다면 '연필 공장의 사장'은 자신의 가족에게 빵을 먹이기 위해 다음과 같은 교환의 과정을 거쳐야만 한다.

우선 연필을 빵과 바꾸기 위해 연필을 필요로 하는 '빵 공장의 사장'을 찾아 다닌다. 그런데 연필을 필요로 하는 '빵 공장의 사장'이 없다면, 연필을 '빵 공장의 사장'이 필요로 하는 다른 '어떤 것'으로 교환한 뒤, 그것을 다시 빵으로 교환해야 할 것이다. 그런데 '그 어떤 것'을 갖고 있는 이가 연필을 필요로 하지 않는 다면, 그때는 연필을 '그 어떤 것'을 갖고 있는 이가 필요로 하는 '다른 어떤 것'으로 교환해야 할 것이다. 그런데 또! '다른 어떤 것'을 갖고 있는 이가 연필을 필요로 하지 않는다면…….

　이런 식의 끝도 없을 것 같은 교환과정을 손쉽게 정리해 주는 것이 바로 돈이다. 온 갖 것들과의 교환이 가능한 돈이 연필과 빵 사이의 수 많은 교환 과정들을 대체해 준다. 돈은 상품간의 '교환성'을 높이기 위해 만들어진 또 하나의 상품인 것이다. 다시 말해 돈은 특정 목적을 달성하기 위한 하나의 수단이다.

　그런데 어찌된 것이 지금 우리들이 살아가는 세상은 수단에 불과한 돈이 목적의 자리를 대신하고 있는 듯하다.

　'아리스토텔레스Aristoteles'는 돈이 두 가지 기능을 갖고 있는데 그 중에서 두 번째 기능을 경계해야 한다고 말했다. 그가 말한 돈의 첫 번째 기능은 '목적을 달성하기 위한 수단'이다. 그리고 두 번째 기능이 바로 '목적 자체'이다. 나는 그의 말이 과연 틀리지 않았다고 생각한다.

　수단이 목적 자체가 되는 것을 경계해야 하는 것은 비단 돈 뿐만이 아니다. 창피하게도 나는 이 사실을 수년 전에 헤어진 애인과의 작은 사건에서 깨달았다.

　인테리어가 상당히 고급스러워 보이는 레스토랑에서 차림표를 펼치는 것으로 내 기억은 시작된다. 양복 안주머니에 있는 동전들까지 위협할 정도로 음식 가격이 비쌌다. 내 본능은 이내 그 레스토랑 음식의 가격들을 '엉터리'라고 규정지었다. 당장 일어나야만 했다. 이 '엉터리 가격'이면 다른 레스토랑에서 얼마든지 더 훌륭한 식사를 할 수 있을 테니까.

주문할 음식을 고르던 애인에게 다른 레스토랑으로 옮길 것을 제안했지만 애인은 내 제안을 단칼에 거절했다. 결국 애인과 나는 '이 레스토랑의 음식 가격들이 과연 합리적인가?'라는 주제를 놓고 한참이나 격론을 벌이게 되었다.

격론의 과정에서 어떤 대화들이 오고 갔는지는 정확하게 기억이 나질 않는다. 또한 애인이 그날 하얀색 블라우스를 입었는지 검은색 원피스를 입었는지 따위도 전혀 기억이 나질 않는다. 내가 지금 확실하게 기억하는 것은 그날이 어떤 특별한 기념일이었다는 것과 그녀가 내게 나지막이 작은 목소리로 이렇게 말했다는 것이다. "정말, 최악이야."

가끔 목적을 이루기 위한 수단자체에 너무 집착을 하다 보면, 어느 순간엔가 수단에 매몰되어버려서는 처음의 목적을 잊는 일이 발생하게 되는 것 같다. 수단이 목적을 밀어내는 어처구니 없는 일이 생기는 것이다. 당시 애인과 내가 꼭 그랬다. 분명, 그날 우리의 목적은 레스토랑에서 식사를 하는 것이 아니라 좀더 중요한 '어떤 것'이었다. 나, 혹은 애인 중 한 사람이라도 그 '어떤 것'이 우리의 목적이었다는 것을 잊지 않았다면 상대방의 기분을 거스르는 말이나 행동은 절대 하지 않았을 것이다. 어쨌든 나는 그 '어떤 것'이 우리의 목적이었다는 것을 애인이 울음을 터뜨린 다음에서야 다시금 깨달았다.

수단에 집착해 목적을 잊는다는 것은 마치 걸어서(수단) 귀가(목적)하는 어린아이가 걷는 것(수단)에 너무 집착한 나머지 귀가(목적)해야 한다는 것을 잊는 것과 똑같다. 귀가라는 목적을 잊은 아이는 백날 걸어봐야 '미아迷兒'일 뿐이다. 수단은 말 그대로 수단手段일 뿐 절대 목적이 될 수 없는 것이다.

그런데 어찌된 일인지 지금의 한국은 정치, 문화, 교육 등 거의 모든 방면에 있어서 수단이 목적의 자리를 대신하고 있다.

수단이 한계에 봉착하게 되면 새로운 수단으로 기존의 수단을 덮고, 새로운 수단마저 한계에 봉착하게 되면 그 수단 위에 다시 또 새로운 수단을 덮는 과정들이 계속되다 보니 수단에 매몰되어버려서 목적이 잊힌 것은 이미 오래고, 이제는 목적을 향한 방향성마저 잃어간다. 이제는 완전히 방향을 잃기 전에 수단을 통해 이루고자 했던 처음의 목적이 무엇이었는지를 다시금 환기시켜야 할 때이다.

이야기가 잠시 다른 곳으로 샌 것 같다. 다시 돈 이야기로 돌아가서 다음의 내 질문에 답해보자.

"과연 우리가 돈이라는 수단을 통해 이루고자 했었던 원래의 목적은 무엇이었을까?"

돈으로 자유를 사는 세상

다음은 1964년 06월 23일, 경향신문 사회면의 기사이다.

　-꿀꿀이죽 먹고 일가족 5명 식중독-
　22일 하오 7시20분쯤 서울 동부이촌동 296, 오정호(44)씨의 처 한길선

(39)씨는 미8군부대에서 나오는 꿀꿀이죽을 저녁밥대신 먹고 장남 용암 (17)군, 차남 용식군, 3남 용화(10)군과 딸 용연(3)양 등 일가족 5명이 나누어 먹은 뒤 갑자기 복통을 일으키며 구토와 설사를 하는 등 식중독을 일으켰다.

오씨는 지게품팔이를 하면서 근근히 살아오는데 이날도 오씨가 저녁끼니를 구하러 나간 뒤에 이와 같은 참변이 일어난 것이다.

이들은 시립 남부병원에 입원 가료중인데 어머니 한씨와 딸 용연양은 중태에 빠져있다.

_ 경향신문, 1964.06.23.

미군부대에서 나온 잔반, 즉 음식쓰레기를 커다란 드럼통에 쑤셔 넣고는 팔팔 끓여 파는 것을 '꿀꿀이죽'이라고 한다. 여느 음식쓰레기들이 그렇듯이 '꿀꿀이죽' 안에는 담배꽁초, 이쑤시개, 무엇에 쓰였는지를 알 수 없는 휴지 등 별의별 물건들이 마구 섞여있다. '꿀꿀이 죽'은 사람이 먹을 수 있는 음식이 아니라 말 그대로 돼지가 먹는 '돼지 밥'인 것이다. 그런데도 한길선씨는 자신의 세 살배기 어린 딸에게 꿀꿀이죽을 먹였다. 그들은 그만큼이나 처절하게 배가 고팠던 것이다. 만약 위 기사의 용연양이 건강을 회복해 성장했다면 지금쯤 50대 초반의 중년 여성이 되어있을 것이다.

어린 시절 처절한 배고픔을 경험했었던 베이비붐 세대들은 '하면 된다'라는 간결한 캐치프레이즈 아래 '한강의 기적'이라 불리는 초고속 '성장'을 일궈냈다. 배고픔이라는 원초적 설움을 자식들에게 대물리지 않겠다는 일념 하나로 최대한의 속도를 낸 것이다. 덕분에 지금의 젊은 우리들은 꿀꿀이죽이 무엇인지를 정확하게 알지 못한다. 그저 햄, 소시지, 김치 등 이것저것을 넣고 끓인 부대찌개쯤 되는 음식이 아닐까 하고 막연하게 생각할 따름이다.

우리의 지난 반세기를 한 단어로 표현해야 한다면 '성장'만큼 적절한 단어가 또 있을까 싶다. 모든 것들이 성장이라는 기치아래 만들어지고 파괴되었다. 지긋지긋한 배고픔을 벗어나기 위해선 오늘이 어제보다 더 성장해 있어야만 했고, 내일은 오늘보다 더 성장해야만 했다. 성장 말고는 쳐다보지도 않았고, 쳐다볼 수도 없었다. 결국은 그렇게 해서 여기까지 왔다. 이제 한국은 더 이상 배고픔이라는 원초적 설움을 겪지도 않을뿐더러, 비만을 걱정하고 있는 지금의 우리들에게 '꿀꿀이죽' 이야기는 아버지세대의 허풍일 뿐이다.

과거 반세기전의 한국과 지금의 한국을 서로 마주 놓고 비교해본다면 이정도면 정말이지 '우리도 한번 잘살게 된 것'이 분명하다. 그런데 관성이 지나치게 컸던 탓일까? 우리는 아직도 '거스 히딩크 Guus Hiddink'의 "I'm still hungry(나는 아직도 배고프다)"라는 말을 흉내 내가며 성장을 논하고 있다.

현재 한국의 생산가능 인구 working age population(15~64세)는 모두 새마을운동(1970년)을 비롯한 성장위주의 정책에 따른 여러 미시적 활동들을 해 왔다. 덕분에 한국은 놀랍도록 성장했다. 그리고 이런 놀라운 성장이 가계간의 놀라운 빈부격차를 만들어냈다.

성장에 길들여진 우리네들은 '빨리! 빨리!'를 외치며 최대한의 속도를 내는 데는 익숙했지만 차마 속도를 내지 못한 이들, 뒤처진 이들을 기다려주는 데는 아주 익숙지 못했다. 그리고 지금, 이 같은 현상은 거의 전 세대에 걸쳐서 일어나고 있다.

한국에 빠른 속도로 뿌리내린 '자유시장 사상'은 빈부격차의 문제가 개인만의 문제라는 식으로 에둘러댔다. '우리가 돈 없는 가난뱅이로 살아가는 이유는 시장원리를 역행하고 있기 때문'이라는 것이 자유시장 사상을 옹호하는 이들의 한결 같은 주장이다. 이들은 자유시장이 곧 모든 사람들에게 더 나은 자유를 제공해 줄 것이니, 부디 시장에 역행하지 말고 순행할 것을 당부한다.

이와 관련해서 영국의 철학자 '제리 코헨Jerry Cohen'은 자유시장이 제공하는 자유가 무엇이며 그 자유 아래에서 돈이 어떤 방식으로 작동하게 되는지를 이해하는데 도움이 될만한 사고실험을 고안해냈다.

우리가 어떤 새로운 세상을 살아가는데, 그 새로운 세상에서는 '특정한 곳에서 살아갈 권리', '아픈 가족을 돌볼 수 있는 권리', '고기를 먹을 수 있는 권리' 등 온 갖 권리들에 대해서 허가증을 발부한다고 생각해 보자. 그리고 우리들은 이 허가증을 임의로 배분 받게 된다. 허가증은 단지 우리가 할 수 있는 것이 무엇인지를 나타낼 뿐 반드시 허가증에 적힌 권리들을 이행해야 하는 것은 아니다. 하지만 만약 허가증에 적혀있지 않은 무엇인가를 하려 한다면 법으로 강력한 제재를 받게 될 것이다. 이 새로운 세상에서는 허가증이 많으면 많을수록 더 많은 것들을 할 수 있다. 고로, 내가 당신보다 허가증을 더 많이 갖고 있다는 것은 내가 당신보다 훨씬 더 자유롭다는 것을 의미한다.

이것을 살짝 뒤틀어보자면, '지금 우리가 살아가는 세상'에서의 돈은 '코헨'의 사고실험 속 '새로운 세상'에서의 허가증과 똑같다. 돈이 제공하는 것들은 바로 온 갖 것들을 할 수 있는 자유인 것이다. 돈이 없는 사람은 허가증이 없는 사람과 마찬가지로 자유롭지 못하다. 결국 '지금 우리가 살아가는 세상'에서는 돈이 없으면 자유도 없는 것이다. 돈이 없는 사람이 가질 수 있는 자유는 고작 해봐야 '숨쉴 수 있는 자유'와 '죽을 수 있는 자유' 정도 뿐이다.

'어떤 사람들'은 이것을 '당연한 것'이라고 말한다. 이들 어떤 사람들은 어떤 때는 정치인의 모습으로, 또 어떤 때는 경제 학자의 모습으로, 그리고 또 어떤 때는 아버지의 모습으로 우리들 앞에 나타나곤 한다. 이들은 벌어들이는 돈과 치러야 할 돈 사이의 괴리가 점점 심화되고 있다는 사실과 가난한 사람들은 제대로 된 의료서비스와 살만한 집 등을 제공받기 위한 돈을 치르는 것이 불가능하다는 사실을 전혀 모르는 듯하다. 아니면 모르는 척 하고 있는지도 모르겠다.

돈은 벌어서도 얻지만 아껴서도 얻는다

"보다 나은 삶을 위해 지금보다 더 많은 돈을 얻어라." 이런 식의 화두를 시작으로 해서 재테크 따위의 방법론들이 우후죽순雨後竹筍으로 생겨나기 시작했다. 돈에 대한 문제가 더 이상 생존의 문제가 아니게 되자 삶이 눈에 들어오기 시작한 것이다. 분명 삶은 '그냥 생존하는 것' 이상의 것이다.

생존이 삶의 최우선 문제가 될 때 비참해진다는 것을 우리는 이미 반세기 전에 경험했다. 때문에 위의 화두를 던진 것이 금융회사들인지, 아니면 우리네들인지 그것은 크게 중요한 것이 아니다. 어느 정도의 돈을 뒤주에 쟁여놓아 삶을 돌보려 하는 것은 아주 바람직한 현상이다.

시중에 떠도는 돈에 관련된 온갖 '테크놀로지'들은 '덩샤오핑鄧小平'의 '흑묘백묘론黑猫白描論'의 그것과 크게 다르지 않다. 주식, 채권, 금, 부동산을 가리지 않고, 돈을 얻어낼 수 있는 것이라면 그것이 무엇이든지 간에, 그 이름의 뒤에 '테크놀로지'라는 별명이 따라 붙는다. 심지어 '테크놀로지'라는 별명은 '결혼'의 뒤에도 따라붙었다. 그리하여 생겨난 것이 바로 '혼 테크'라는 웃지 못할 신조어다.

돈을 얻는 방법은 두 가지가 있다. 첫째, 벌어서 얻는다. 그리고 둘째, 아껴서 얻는다. '테크놀로지'의 별명을 가장 많이 달고 있고, 재무학 따위의 학문에서 심도 깊게 다뤄지고 있는 것이 바로 첫 번째의 방법이다. 현재 시중에 이것과 관련된 수 많은 '이론'과 '비법'들이 유통되고 있다.

첫 번째 방법은, 방법을 사용함으로써 얻는 돈의 양을 무한으로까지 가정한다. 때문에 이 방법은 흥미롭고 경이로우며 심지어 어떤 때는 아름답기까지 하다. 실제 일부 치들은 이 방법을 통해 얼마 되지 않는 돈을 '마중 물' 삼아 어마어마한 돈을 얻기도 한다.

그에 반면 두 번째 방법은, 방법을 사용함으로써 얻는 돈의 양을 어느 일정 수준으로 까지 한정한다. 때문에 이 방법은 늘 사람들의 흥미를 끌지 못한 채 진부하고 지루하다는 혹평을 받는다. 돈을 얻는 방법중의 하나인 것이 분명한데도 불구하고 이 방법은 사람들의 흥미를 끌지 못하는 까닭에 '테크놀로지'의 별명을 달지도 못했고, '재무학'따위의 학문에서는 고작 한 두줄 언급되는 수준에 그치고 있다.

이는 불균형이다. 돈을 얻는 방법은 분명 두 가지인데, 우리는 그 중 유독 '벌어서 얻는' 첫 번째 의 방법 한가지에만 몰두하고 있다. 그리고 이 같은 편향된 접근방식 덕에 수많은 부작용들이 생겨났다. 부작용들은 보통 너무 많은 시간을 일하고, 너무 많은 것들을 사들이고, 너무 많은 위험에 투자하는 식으로 나타나는데, 이것들은 이미 우리 삶의 깊은 곳까지 스며들어 다음과 같은 문제를 만들어 냈다.

우리는 삶을 돌볼 수 있는 '어느 정도의 돈'을 얻기 위해 직장에 나가 일을 한다. 그리고 직장에 나가 일을 하기 위해 옷과 구두, 자동차등을 장만하고 밖에서 끼니를 때운다. 이 과정에서 직장에 나가 벌어들인 돈을 사용하게 되고, 얼마간의 빚을 지게 된다. 이제 우리는 이것을 만회하기 위해 '더.' 많은 시간을 직장에 나가 일을 한다. 그리고 집을 장만한다. 집을 장만하는 과정에서 역시 직장에 나가 벌어들인 돈을 사용하게 되고, 얼마간의 빚을 지게 된다. 때문에 우리는 '더. 더.' 많은 시간을 직장에 나가 일을 한다. 물론, 직장에 나가 일을 하는 이유가 삶을 돌보기 위해서인 것처럼 집을 장만하는 이유 역시 삶을 돌보기 위해서이다. 그런데 잠깐! 이렇게 일만하다가 삶은 언제 돌보지?

이것이 우리네들 삶의 일반적인 모습이다. 돈을 벌기 위해 직장에 나가는 것이 분명한데, 어찌된 것이 오히려 직장에 나감으로 인해서 돈을 쓰게 된다. 도대체가 돈을 벌러 직장에 나가는 건지, 쓰러 나가는 건지 알 수가 없다.

직장에 나감으로 인해서 쓰게 되는 돈을 제외한다면 실제로 우리가 쓰는 돈의 양은 그리 많지 않을 것이다. 게다가 자동차나 집 등을 장만하기 위해서는 더 많은 시간을 직장에 나가 일해야 하는데, 그렇게 장만한 것들을 이용하려면 시간이 필요하다.

나는 이런 문제를 일컬어서 '워킹 패러독스working paradox'라고 부른다. '워킹 패러독스'는 우리들 처음의 목적이 '삶을 돌보는 것'이었다는 걸 잊게 만든다. 그리고 우리들을 미친 듯이 일만하게 만든다. 우리는 눈 뜨고 생활하는 하루 시간의 절반, 아니, 3분의2 이상의 시간을 직장에서 일을 하며 보낸다. 그런데 이것이 하루 20시간 이상 세워둘 자동차와 온종일 비워 둘 집 등을 장만하면서 생긴 빚을 갚기 위해서라니. 분명, 뭔가 잘못 되도 한참 잘못됐다.

확실히 우리는 '아껴서 돈을 얻는 방법'에는 영 무관심하다. 이 방법은 우리들에게 '검약'이나 '절약'이라고 불리며 진부하고 지루한 느낌으로 다가온다. 이런 것들에 대한 이해가 전무하다 보니 버는 족족 쓰기에 바쁘다. 심지어 어느 때는 '신용'의 힘을 빌어 버는 것보다 더 많은 양의 돈을 쓰기도 한다. 마치 뒤주의 밑이 빠져버린 것만 같다. 돈을 위로 계속해서 들이붓긴 하는데 밑으로 계속해서 빠져나가니 도무지 돈을 쟁여둘 수가 없다.

뒤주의 밑을 막으면 되는데, 그것은 진부하고 지루해서 싫다. 결국 방법은 하나뿐이다. 밑으로 빠지는 돈의 양을 압도할 정도로 엄청난 양의 돈을 위로 들이부으면 된다. 그래서 '벌어서 돈을 얻는 방법'이 늘 꾸준하게 인기가 있다.

밑이 무한정으로 빠진 것이 아니니 밑을 막음으로 해서 얻어 낼 수 있는 돈의 양은 어느 일정수준으로까지 한정되어 있다. 그리고 우리는 이것을 통제할 수 있다. 반면 무한을 가정하고 있는 들이붓기는 우리가 통제할 수 있는 성질의 것이 아니다. 만약 이것이 통제가 가능했다면, 통제에 능한 누군가는 계속해서 돈을 벌어들여 우리가 살고 있는 지구를 통째로 사들였을 것이다.

하지만 아직까지 그런 사람은 나타나지 않았다.

'아껴서 돈을 얻는 방법'에 무관심한 이들은, 이 방법에 대해 정통해 있는 것처럼 행동하곤 한다. '그까짓 것 이미 다 알고 있다'는 식이다. 보통 재테크 전도사들이 이런 식의 태도를 취한다. 나는 이런 재테크 전도사들을 만날 때마 늘 '목련 꽃' 이야기를 꺼낸다.

나는 목련 꽃을 좋아한다. 사람을 꽃으로 비유하길 좋아하는데 내 애인의 웃는 모습이 활짝 핀 목련 꽃을 생각나게 하기 때문이다. 이른 봄 흐드러지게 피는 하얀 목련 꽃 말이다. 아마 당신도 내가 말하는 목련 꽃이 무엇인지 잘 알고 있을 것이다. 이들 역시 모두 목련 꽃이 무엇인지 잘 알고 있다고 답한다. 그래서 묻는다.

"그럼 목련 꽃의 꽃말도 알고 계시겠네요? 응당 꽃잎의 개수랑 수술의 개수가 몇 개인지도 알고 계시겠죠?"

"……"

아는 것이 없으니 입은 있는데 말은 못한다. 그러면 나는 이들이 '아껴서 돈을 얻는 방법'을 대하는 태도가 이것과 똑같다고 말한다. 그러면 이들은 대부분 수긍한다.

'아껴서 돈을 얻는 방법'은 절대 진부하고 지루하며, 촌스럽고 멋없는 방법이 아니다. 단지 '벌어서 돈을 얻는 방법'만큼 심도 깊게 다뤄지고 있지 않을 뿐이다.

'벌어서 돈을 얻는 방법'은 연 10%정도의 돈을 더 얻어내면 성공적이라는 평가를 받는다. 이따금씩 연 1만%~10만%의 돈을 더 얻어내는 이가 있기도 하지만, 당신이 그런 이가 될 가능성은 내가 다음 대선에서 대통령에 당선 될 확률과 같다.

사실 연 10%의 돈을 더 얻어내는 것도 쉬운 일이 아니다. 앞서 말했다시피 '벌어서 돈을 얻는 방법'은 우리가 통제할 수 있는 성질의 것이 아니기 때문이다. 만약 누군가가 이것을 쉽다고 말한다면, 그 누군가는 100%사기꾼이다.

'아껴서 돈을 얻는 방법'을 사용한다면, 우리는 손쉽게 연 10%의 돈을 얻어낼 수 있다. '아껴서 돈을 얻는 방법'은 어느 일정수준까지 확실하게 통제가 가능하니까 말이다. 물론 연 10%는 어느 일정수준의 범주에 충분히 포함된다.

나는 '아껴서 돈을 얻는 방법'에는 '벌어서 돈을 얻는 방법'에 없는 '진짜 멋'이 있다고 생각한다. '벌어서 돈을 얻는 방법'은 "(시장이 변해서) 어제까지는 통했던 방법이지만 내일부터는 통하지 않아요."라는 식의 가벼운 변명을 일삼으며 유행을 따른다. 하지만 '아껴서 돈을 얻는 방법'은 변명하지 않으며 유행도 따르지 않는다. 보통 이런 것을 두고, 스타일을 좀 아는 사람들은 '클래식classic'이라고 표현한다.

만약 당신이 '가장家長'이라면, 당신은 무조건 '아껴서 돈을 얻는 방법'에 집중해야만 한다. 가족의 밥그릇을 변명과 유행에 맡길 수는 없으니까 말이다. 내가 아는 한 가족을 굶기는 가장만큼 무능한 사람은 없다.

돈은 벌어서도 얻을 수 있지만 아껴서도 얻을 수 있다.

돈은 얼마를 쓰느냐가 중요한 것이 아니라
어떻게 쓰느냐가 중요하다

1995년 6월 29일은 건국이래 최악의 사고로 기록되고 있는 '삼풍백화점붕괴사고'가 일어난 날이다. 이로 인해 501명이 사망하고 937명이 부상을 입었으며 6명이 실종됐다. 서울 구로소방서의 정연석 소방장은 그날을 다음과 같이 기억한다.

> "갈고리처럼 휘어진 철근에 매달린 40대 여성의 시신의 목 아래로 금 목걸이가 대롱대롱 달려 햇빛에 반짝이고 있었다."
>
> 세계일보 〈아직도 삼풍사건 악몽에 시달려요〉 2011.11.08.

아비규환이 따로 없었다. 콘크리트가 주저앉으면서 생긴 먼지가 하늘을 뒤덮었고, 그 아래에서는 '살려 달라'는 비명이 새어 나왔다. 그리고 영동세브란스병원과 강남성모병원 등의 강남 지역 20여 병원에는 밀려드는 환자들과 의료진이 장사진을 이뤄 흡사 전쟁터의 야전병원을 방불케 했다. 이날 하루 한국의 수 많은 아버지와 어머니, 딸과 아들이 증발했다. 그리고 이와 함께 한국의 'GDP Gross Domestic Product(국내총생산)'가 증가했다.

GDP는 나라의 경쟁력 등을 논하는데 있어서 빠지지 않고 언급되는 지표이다. 정치인이나 경제학자들은 GDP를 통해 나라의 안녕을 평가하고, 각 나라들은 자신들의 GDP가 증가하게 되면 이를 매우 자랑스럽게 생각한다.

GDP란, 한 나라의 영역 내에서 가계, 기업, 정부 등 모든 경제 주체가 일정한 기간 동안 생산활동에 참여하여 창출한 부가가치 혹은 최종 생산물을 시장가격, 즉 돈으로 평가한 합계를 말한다.

그러니까, GDP는 '삼풍백화점붕괴사고'의 그날처럼 가족의 생사를 확인하기 위해 전화를 거는데 돈을 써도, 사망한 이의 시신을 수습하기 위해 돈을 써도, 살아남은 이를 치료하기 위해 돈을 써도 증가한다. 그렇다. *GDP는 국가의 안녕을 평가하기에는 적절치 않은 지표이다. 그리고 이 적절치 않은 지표를 측정하는 방식은 우리들이 취하고 있는 돈에 대한 접근방식과 매우 유사하다.

나는 GDP측정방식이 지닌 문제들 중 몇 가지 것들을 통해서 돈에 대한 좀 더 다양한 접근방식들을 이야기 해 보고자 한다. 우선 '삼풍백화점붕괴사고'의 예를 통해 한가지는 명백해졌다. "돈은 얼마를 쓰느냐가 중요한 것이 아니라, 어떻게 쓰느냐가 중요하다."

> *GDP는 국가의 안녕을 평가하기에는 적절치 않은 지표이다 : 현재 세계 각국에서 GDP의 대안이 될만한 지표를 개발하기 위한 연구들이 활발하게 이뤄지고 있다. 그 중 프랑스의 '니콜라 사르코지 Nicolas Sarkozy' 대통령이 노벨 경제학상 수상자인 '조지프 스티글리츠 Joseph E. Stiglitz' 미국 컬럼비아대 교수와, '장 폴 피투시 Jean Paul Fitoussi' 파리정치대 교수 등 세계적인 석학들을 초빙해서 만든 '경제실적과 사회진보의 계측을 위한 위원회 CMEPSP, The Commission on the Measurement of Economic Performance and Social Progress'의 연구성과가 가장 가시적이다.

노름판에서 쓰는 1만원과 가족을 위해 쓰는 1만원이 같은 가치를 지니고 있을 리 만무하다. 이는 돈에 대한 접근방식이 '양'에서 '질(가치)'로 이동해야 한다는 것을 의미한다. 또한 같은 1만원을 쓴다손 치더라도 검소한 이가 쓰는 1만원은 방탕한 이가 쓰는 1만원에 비해 더 많은 것들을 해 낸다. 이는 돈에 대한 접근방식이 '절대적 양'에서 '상대적 양'으로 이동해야 한다는 것을 의미한다.

지금까지 우리가 취하고 있었던 돈에 대한 접근방식은 GDP의 그것과 같았다. 그리고 그 결과가 바로 돈에 쪼들리고 있는 지금 우리네들의 가계이다.

지금까지 수많은 모습의 선생들이 우리들에게 돈에 대한 가르침을 주었다. 그리고 이들 가르침의 변함없는 핵심이 바로, '돈은 많이 벌어들일수록, 많이 쓸수록 좋다'는 것이었다. 이런 형편없는 가르침 덕분에 우리는 지금까지 돈이 그 쓰임에 따라 가치와 양을 달리한다는 아주 자명한 사실 한가지를 까맣게 잊고 지내왔다. 이들은 20세기 최대의 과학업적 중 하나로 꼽히는 '아인슈타인A. Einstein'의 '상대성 원리'를 전혀 이해하고 있지 못한듯하다. 어쩌면 돈에 대한 가르침이 필요했던 건 우리들이 아니라 바로 이들, 선생들이 었는지도 모른다.

이제는 엉터리 선생들의 형편없는 가르침은 벗어 던지고 '돈은 어떻게 써야 하는 것일까?'에 대한 심도 깊은 이야기들을 나눠야 할 때이다.

GDP는 시장에서 이뤄지는 경제활동만을 고려하도록 설계되어 있다. 가계 내에서 이뤄지는 비시장적 활동은 GDP의 관심 밖이다. 그런데 가만 생각해보면 세탁, 요리, 보육 등 현대사회의 시장에서 이뤄지고 있는 서비스들의 대부분은 과거 가계 내의 가족 성원들 사이에서 주고받았던 서비스들이다. 현대사회에 들어서면서 가계 내의 서비스들이 가계 밖 시장으로 전환된 것이다. 그런데 이것들이 시장에서 돈으로 거래가 된다는 이유 하나만으로 GDP의 증가에 기여해 마치 국민들의 생활수준 자체가 향상된 것 같은 착각을 불러 일으키게 만든다.

잠시 생각해 보자. 분명 현대사회의 시장에서 돈으로 거래가 되고 있는 서비스의 대부분은 과거 가계 내의 가족 성원들 사이에서 무상으로 이뤄졌던 서비스들과 그 성질이 같다. 때문에 여전히 가계 내에서 이런 서비스들이 이뤄지고 있는 '갑甲이라는 가계'는 굳이 돈을 들여 가면서까지 시장의 서비스를 이용할 필요가 없다.

그렇다. 지금 우리들 가계 내에서 우리의 어머니 또는 아내가 무상으로 제공하고 있는 세탁, 요리, 보육 등의 비시장적 서비스는, 시장에서 거래되는 같은 성질의 서비스들과 그 값이 같다.

이것에 대한 이해를 돕기 위해, 총각인 당신이 평소 1만원의 값을 주고 요리라는 서비스를 시장에서 제공받고 있었다고 가정해보자. 그리고 당신은 늘 바지주머니에 있는 돈 1만원으로 서비스의 값을 치른다. 그런 당신이 드디어 결혼을 하게 됐다. 이제부터는 아내가 시장을 대신해서 당신에게 요리라는 서비스를 제공해 줄 것이다. 다음의 내 질문에 답해보자.

"이제 당신 바지주머니에 있는 돈 1만원은 누구에게 줘야 하는가?"

이렇게 우리들 가계 내에서 가족 성원들끼리 주고받고 있는 서비스들의 대부분은 돈으로의 환산이 가능한 것들이다. 돈으로 서비스를 거래했다면 서비스를 돈으로 환산할 수도 있어야 한다. 즉, 돈으로 거래할 수 있는 모든 것들은 돈으로의 환산이 가능하다. 이제 여기서 조금만 더 나아가 보자.

우리는 돈으로 행복을 살 수 있다고 생각한다. 이는 보편 타당한 생각이다. 돈을 소비함으로써 얻어지는 일시적인 '즐거움'이나 '쾌락' 같은 감정은 다차원적인 행복의 일부이니까 말이다. 그렇다면 일상생활에서 얻어지는 즐거움이나 쾌락 같은 감정 역시 돈으로 환산할 수 있어야 하는 게 아닐까?

예를 들어 당신이 어제 10만 원짜리 옷을 샀는데, 바로 이 소비행위 때문에 즐거운 감정을 느끼게 됐다 치자. 그리고 오늘, 길을 걷다가 우연히 친구를 마주쳤다. 만약 돈 한푼 들이지 않은 이 사건에서 당신이 어제와 같은 즐거운 감정을 느끼게 된다면, 이 감정은 10만원으로 환산될 수 있어야 하지 않을까? 어제 10만원을 소비함으로써 느꼈던 즐거운 감정과 오늘 느끼게 될 즐거운 감정은 같은 것이니까 말이다.

하지만 아쉽게도 당신이 오늘 느끼게 될 즐거운 감정을 10만원으로 환산하는 것에는 많은 무리가 따른다. 이유는 간단하다. 즐거움이라는 감정을 정확하게 측정하는 것이 불가능하기 때문이다.

어제 당신이 10만원을 소비함으로써 느꼈던 즐거움의 크기는 얼마만할까? 50cm? 아니면 100m²? 이것도 아니라면 1,000ml? 벌써 즐거움의 크기를 어떤 단위로 표현해야 할 지부터 고민이다. 그렇다면 아예 단위를 빼고 표현해보자. 50? 100? 1,000? 분명, 즐거움의 크기를 표현하는 데는 적절치 않아 보인다.

즐거움, 쾌락 따위의 감정들은 이리저리 측정해서 숫자로 표현할 수 있는 성질의 것들이 아니다. 때문에 우리는 즐거움의 크기를 표현할 때 50, 100, 1000과 같은 구체적이고 수학적인 방법을 사용하지 않고, '조금', '많이', '엄청나게'와 같은 추상적이고 언어적인 방법을 사용한다. 자신을 얼마만큼 사랑하는지, 그 감정의 크기를 구체적으로 표현해달라는 애인의 요구에 '하늘만큼 땅만큼'이라는 식의 은유적 표현들이 괜히 사용되는 것이 아니다.

정치인이나 경제학자들이 GDP를 통해 평가하는 '국가의 안녕' 역시 이리저리 측정해서 숫자로 표현할 수 있는 성질의 것이 아니다. 사실 GDP는 국가의 안녕을 평가하기 위해 만들어진 지표도 아니다. 이에 대해 러시아 출신의 미국 경제학자로서 GDP를 창안해낸 '사이먼 쿠즈네츠Simon Smith Kuznets'는 1934년 미국 연방의회에 낸 보고서에서 "국민소득으로 한 국가의 안녕을 평가하는 건 거의 불가능하다."라고 확실하게 못박았다. GDP는 지금 잘못 사용 되어지고 있다.

누군가가 당신의 연 소득을 나타낸 지표를 보고 당신을 '가치평가'했다고 생각해보자. 아마 당신은 그 누군가에게 찾아가서 다음과 같이 말하고 싶을 것이다.

"저는 그런 사람이 아닙니다!"

우리는 우리가 벌어들이는 소득 하나만으로 다른 사람들에게 가치평가 받고 싶지 않다. 우리는 이것과 더불어 읽고 있는 책이나 즐겨 하는 취미, 말투나 행동 따위로 다른 사람들에게 가치평가 받고 싶어한다. 그리고 이런 것들은 다분히 추상적이고 언어적이다.

다른 사람들에게 올바른 가치평가를 받고 싶은 당신이, 이런 추상적이고 언어적인 것들에 대한 정보를 세상에 모두 공개했다고 가정해보자. 이제 세상 사람들은 당신이 공개한 정보를 토대로 해서 당신을 가치평가 할 것이다. 과연 사람들은 당신의 가치를 모두 동일하게 평가할까?

어림도 없다. 앞서 우리는 문방구 주인과 내 조카가 연필과 500원이라는 돈이 서로 같은 가치를 지닌 상품이라 생각하고 교환을 한 사례를 살펴봤었다. 분명 내 조카는 연필이 돈 500원과 같은 가치를 지닌 상품이라 생각했다. 그렇다면 나도 조카와 마찬가지로 연필의 가치를 돈 500원과 같다고 생각할까? 이것 역시 어림도 없다. 연필을 사용하지 않는 나는, 연필이 돈 500원보다 더 낮은 가치를 지니고 있다고 생각한다. 고로 나는 절대 돈 500원과 연필을 교환하지 않을 것이다. 연필을 돈 200원과 교환하자 해도 나는 그것에 응할 생각이 없다.

가치는 가변可變하는 것이다. 연필이라는 하나의 상품을 두고도 사람마다 다른 가치로 평가를 내린다. 심지어 사람이 같더라도 상황에 따라 가치가 변하는 경우도 있다. 내가 조카의 생일날 연필 100자루를 선물해준다면, 틀림없이 조카는 연필이 돈 500원의 가치와 같다고 생각하지 않을 것이다. 빵이라면 또 모를까.

이번에는 '돈으로 거래할 수 있는 모든 것들은 돈으로의 환산이 가능하다.'는 개념을 설명하기 위해서 들었던, 예를 살펴보자. 이 예에서 당신은 바지주머니에 있는 돈 1만원을 아내에게 주지 않을 수도 있다. 기존 시장에서 제공받았던 서비스의 가치보다 아내가 제공해주는 서비스의 가치가 덜하다고 생각할 수도 있기 때문이다. 물론, 기존 시장에서 제공받았던 서비스의 가치보다 더하다고 생각해 바지주머니에 있는 돈 1만원과 지갑에 있는 돈 1만원을 합쳐 2만원을 줄 수도 있다.

오늘 우리는 이렇게 '돈으로 거래할 수 있는 모든 것들은 돈으로의 환산이 가능하다.'는 것을 알았다. 그런데 그것을 정확히 얼마의 값으로 환산해야 하는 지는 모르고 있다. 아마 우리는 이것을 영원히 알 수 없을 지도 모른다.

우리가 돈으로 거래하는 모든 것들에 두는 가치가 주관적인 것이고 상대적인 것이며 가변 하는 것이기 때문이다.

하지만 '사회적으로 통용되는 환산 값'의 근사치 정도는 알 수가 있다. 우리는 우리가 타고 다니는 자동차를 '대충' 얼마의 값으로 환산해야 하는지 알고 있다. 집에 있는 책도 마찬가지이고, 컴퓨터도 마찬가지이다. 모두 시장에서 거래가 이뤄지고 있기 때문이다.

하지만 시장에서 거래가 이뤄진다는 것이 반듯이 '사회적으로 통용되는 환산 값'의 근사치를 알 수 있다는 것을 의미하지는 않는다.

유네스코에 따르면 나이지리아는 전 세계에서 인신매매가 세 번째로 많이 발생하는 국가이다. 이곳의 암시장에서는 1,920달러에서 6,400달러만 있으면 누구든지 사람의 아기를 살 수 있다고 하는데, 이것이 가능한 이유가 10대 소녀들을 가둬두고는 임신과 출산을 강요하는 일명 '아기 생산공장'이 있기 때문이란다. 그렇다면 아기의 '사회적으로 통용되는 환산 값'의 근사치는 1,920달러에서 6,400달러일까?

이는 가당치도 않은 소리이다. 당신도 분명 내 생각에 동의할 것이다. 내 생각에 동의 하지 않는 이는 고작 해봐야 아기 생산공장의 고객들 정도뿐일 것이다.

어제까지 우리는 돈을 소비해 어떤 목적을 이룰 줄만 알았지, 그것을 다시 돈으로 환산 할 줄은 몰랐다. 만약, 돈을 소비하지 않고 어떤 목적을 이룬다면 이는 목적을 이루기 위해 원래 소비했어야 할 돈을 벌어들인 것이나 다름없다.

보통 우리는 이런 경우 '돈을 아꼈다.'라고 표현하기도 하지만 '돈을 벌었다.'라고 표현하기도 한다. 우리는 환산의 개념을 체계화시키지 못했을 뿐이지 어느 정도는 알고 있었던 것이다. 앞으로 돈에 대한 이런 식의 접근 방식들이 좀더 심도 깊게 연구되어야 할 것이다.

이런 접근방식의 일환일지 모르겠지만, 세계 각국의 연구자들 사이에서는 가치나 행복 같은 추상적인 것들을 구체화시켜 숫자로 표현하려는 시도들이 활발하게 이뤄지고 있다.(대표적인 것이 바로 부탄의 '국민행복지수(GNH, Gross National Happiness)'이다.)

나는 이런 시도들이 '완성'을 추구하지 않았으면 한다. 가치나 행복 같은 추상적인 것들은 숫자로 표현될 수 없다고 믿기 때문이다. 그리고 나와 다른 믿음을 갖고 있는 이들이 만들어낸 것이 바로 '부자 학'이나 '재테크 방법론' 따위의 이론들이다. 이들은 '숫자는 거짓말을 하지 않는다.' 따위의 말을 신봉하며, 온갖 추상적인 것들을 구체화 시켜 숫자로 표현하려 한다.

시중에 떠도는 이들의 이론은 '완성'을 추구한다. 그리고 내가 불가능하다고 믿는 것을 가능케 하는 순간이 바로 이들 이론이 완성되는 순간이다. 현재 수많은 이론들이 완성되어 있다. 그리고 이들 이론은 하나같이 명쾌하다. 이들 이론이 완성될 수 있었던 이유는 다음의 단 하나다.

'왜곡.'

이들은 추상적인 것들을 구체화시키는 과정에서 수 많은 것들을 왜곡시킨다. 왜곡은 보통 어떤 것들을 버리는 형태로 나타나는데, '사랑', '자비', '배려' 등, 절대로 버려져선 안될 것들이 버려지곤 한다.

이들 이론에는 '부모를 봉양하지 않는 아들', '일만 하는 가장', '이기심 가득한 이웃' 등이 등장하고, 비슷한 사람들이 정해진 날짜에 급여를 수령하고, 은퇴를 한다. 심지어 죽거나 병에 걸리는 나이까지 정해져 있다. 그리고 '부모를 봉양하는 아들', '일도 하지만 가족과 여행도 다니는 가장', '다정한 이웃' 등은 "이러이러하다는 가정하에……"라는 핑계로 버려지고, 고정적인 수입이 없거나 노년에도 일하는 이들, 병에 걸려서 빨리 죽거나, 건강해서 오래 사는 이들은 "평균적으로 따지자면……"이라는 핑계로 버려진다. 이들은 "머리는 화덕에 넣고 발은 냉동실에 넣는다고 가정할 때, 평균적으로는 아주 좋은 상태입니다."라고 말할 줄 아는 아주 대단한 인물들이다. 내가 이들의 이론을 괜히 판타지세계에 기반을 뒀다고 비꼬는 게 아니다.

 GDP역시 평균이라는 핑계로 돈에 쪼들리는 우리네의 수많은 가계들이 버려진다. 이런 왜곡된 지표를 바탕으로 수립되는 거시정책들이 민생民生을 보듬을 리 만무하다. 지금 이곳 저곳에서 국민소득이 2만 달러 시대이니 어쩌니 하며 말들이 많은 것 같다. 나는 속으로 생각한다. '그래서 어쩌라고.'

현실감각을 상실한
돈에 대한 이야기들

이따금씩 돈에 대한 문제들은 다른 문제들과의 활발한 유기작용을 일으키며 어떻게 살아가느냐에 대한 삶의 문제로 직결되곤 한다. 돈에서 시작된 작은 문제가 걷잡을 수 없는 속도로 커지더니 나중에 가서는 한 가정을 해체시키기도 하고, 한 사람을 죽이기도 한다. 이러한 사실들은 너무나도 지당한 것이라서 굳이 내가 지난 뉴스들을 뒤져가면서까지 실제의 사례들을 언급할 필요조차 없다. 그렇다면 우리는 이렇게 중요한 돈에 대한 문제를 얼마나 심도 깊게 접근하고 있을까?

이에 대해서 프로이드Sigmund Freud는 말한다. "고상한 사람들에게 돈과 관련된 질문을 하면 섹스와 관련된 질문을 받았을 때와 마찬가지로 고상한 척하며 모순과 위선이 가득한 태도로 대답할 것이다."

재미있다. 20세기에 남긴 그의 말이 21세기를 살아가는 지금의 우리들에게 아직까지도 유효하게 다가온다. 분명 모임에서 만난 누군가에게 "댁의 남편은 연봉이 얼마나 됩니까?"라는 질문을 하는 것은 "댁의 남편은 섹스를 얼마나 잘 합니까?"라는 질문을 하는 것과 마찬가지의 효과를 가져온다. 누구나 생각하고 있지만 누구도 이야기 하지 않는 것이 바로 '섹스'와 '돈'이다. 설사 이 두 가지 것들에 대한 이야기를 한다손 치더라도 어찌된 것이 늘 술자리이거나 침대 속이다. 이런 곳에서 하는 이야기들이 심도 깊을 리 만무하다. 덕분에 아직까지 우리들의 돈에 대한 접근 방식은 섹스에 대한 접근 방식과 더불어 아주 1차원적이고 야성적으로 다뤄지고 있다.

섹스에 대한 이야기, 그리고 돈에 대한 이야기를 노골적으로 하는 것만큼 야한 것이 또 있을까? 이런 의미에서 볼 때 다양한 테크놀로지technology를 이용해 돈으로 돈을 벌어들인다는 주장을 일삼는 작금의 '재테크'전도사들은 보통 섹시한 인물들이 아닐 수 없다.

2,000년대 초 중반에 일어난 한국의 '재테크'열풍은, 술자리나 침대 속에서 나누던 돈에 대한 이야기들을 양지로 끌어올리는데 성공했다. 그리고 그

저 그 뿐, 돈에 대한 이야기들은 더 이상의 진도를 나아가지 못한 채 그대로 멈춰서 버렸다.

수년 전 일부 치들에 의해 세상 밖으로 모습을 드러낸 돈에 대한 이야기들이 아직까지도 이렇다 할 발전 없이 야디야디 야한 알몸 그대로의 모습을 간직하고 있는 것이다.

돈에 대한 이야기는 세상에 모습을 드러낸 뒤 '부자'라는 주제에서 단 한 번도 벗어나 본적이 없다. 예나 지금이나 서점가와 인터넷에는 재테크전도사들 나름의 '부자란 무엇인가?'에 대한 정의들로 홍수를 이루고, 부자가 되는 방법들이 재테크라는 이름으로 포장되어 싼값에 팔리고 있다.

그런데 이들 재테크전도사들은 '부자 학學'이나 '재테크 방법론' 따위의 이론연구에 몰두하느라 현실감각을 상실한듯싶다. 이들의 이론이 제시하는 명쾌한 논리는 현실의 세계를 직시하는 순간에 '가까이하기엔 너무 먼 당신'으로 전락해 버린다.

아침에 아이들을 학교에 보내고 나면 현관문이 닫히기가 무섭게 떠오르는 그것. 바로 바닥난 생활비와 납부해야 할 각종 공과금, 매달 상환해야 할 각종 대출금들이다. 그리고 이것들이 난무하는 곳이 지금 우리들의 현실세계이다. 이런 현실세계 앞에서 '부자란 무엇인가?'를 시작으로 전개되는 판타지세계에 기반을 둔 논리들이 먹혀들 리 없다.

아니나 다를까, 이들의 책을 읽고 부자가 됐다는 사람은 지금까지 아무도 나타나지 않고 있다.

어쩌면 우리는 '부자란 무엇인가?'에 대한 정의를 내리기 이전에 '돈에 쪼들린다는 것이란 무엇일까?'에 대한 정의를 먼저 내렸어야 했는지도 모른다. 우선은 그게 냉정한 현실이니까 말이다.

한번 생각해 보자. 돈에 쪼들린다는 것이란 무엇일까?

'돈에 쪼들린다는 것이란 코앞으로 다가온 주택담보대출금의 원금상환 일을 생각하면 구역질이 나는 것일까?' 아니면 '돈에 쪼들린다는 것이란 얼마가 청구됐을지 확인하는 것이 두려워 차마 신용카드 명세서를 확인해보지 못하는 것일까?' 그것도 아니라면 '돈에 쪼들린다는 것이란 진료비가 부담스러워 아스피린만으로 치통을 견뎌야 하는 것일까?' 돈에 쪼들린다는 것이란 도대체 무엇일까?

아마 모르긴 몰라도 우리가 한자리에 모여 '돈에 쪼들린다는 것이란 무엇일까?'에 대한 정의를 내리는 시간을 가질 수만 있다면, 돈이 없어 곤란했던 순간들이나 지인들의 사연, 혹은 어디선가 들어본 적 있는 이야기들을 스스럼없이 해가며 즐거운 시간들을 보낼 수 있을 것이다.

분명 '대부분의 사람'들에게는 '돈에 쪼들린다는 것이란 무엇일까?'에 대한 정의를 내리는 일이, '부자란 무엇인가?'에 대한 정의를 내리는 일보다 훨씬 더 자연스럽고 피부에 와 닿는다.

만약 이런 현실적 질문을 시작으로 돈에 대한 이야기가 시작됐었다면, 돈에 대한 이야기는 분명 지금보다 훨씬 더 진보한 형태를 띠고 있었을 것이다.

아이러니하다. 부자 되는 방법이 넘쳐나는 시대에 부자는 없고 돈에 쪼들리는 사람들만 그득하다.

여성성 femininity에 주목하라▪

어제 가끔씩 내게 재테크관련 글을 청탁해오던 〈시사저널〉의 'ㅇㅇㅇ'기자에게 이메일을 보냈다. '앞으로는 재테크관련 글을 제공해줄 수 없겠다.'는 내용을 담아서 말이다. 이메일을 다 써놓고는 보내기 버튼을 누르기 전에 '이걸 진짜 보내야 하나?'하고 한참을 고민했다. 주간지에 글이 실리는 것은 아무래도 내게 좋은 일이기 때문이다. 무명인 내가 이름을 알릴 수 있는 기회이기도 하면서 얼마간의 돈도 생긴다. 그래서 처음의 몇 번은 신이 나서는 글을 썼었다. 그런데 곧 '이건 아니지.'싶더라. 결국 어제 중이 절을 떠났다.

ㅇ기자는 내게 금융시장의 트렌드나 상품 따위를 다룬 글을 원했다. 그는 그런 글을 일컬어 '명확한 글'이라 했다. 그리고 내게 말했다. "명확한 글이 사람들에게 실질적인 도움이 된다."고.

ㅇ기자는 잘못 알고 있다. 사람들에게 실질적인 도움이 되는 글은 명확한 글이 절대 아니다. 오히려 추상적이고 직관적이며 감성적인 글, 즉 조금은 불명확한 글이 사람들에게 실질적인 도움을 준다. 여러 가지 이유들이 있겠지만 그 중 가장 큰 이유가 바로. 당신의 아내 때문이다. 묻겠다.

"집에 냉장고가 필요하면 누가 사는가? 당신에게 양말이나 팬티가 필요하면? 아들에게 가방이 필요하면? 딸에게 신발이 필요하면?"

모두 아내가 산다. 그리고 이것과 마찬가지로 가계지출의 가장 큰 부분을 차지하는 두 가지. '집'과 '자동차'도 아내가 산다. 여기서 산다는 것이란 단순히 돈을 지불한다는 것을 뜻하지 않는다. 마지막 결정권자를 뜻한다.

이와 관련해 〈왜 그녀는 저런 물건을 돈 주고 살까?Why She Buys〉의 저자인 '브리짓 브레넌Bridget Brennan'은 책의 서문을 통해서 자신의 일화를 한가지 소개한다.

그녀와 남편은 자동차가 필요했다. 자동차를 사기 위해 몇 달에 걸쳐서 자동차 관련 자료들을 검토했고, 결국 이들 부부는 BMW 540i가 자신들을 위한 자동차임을 확신한다. 이들은 BMW 540i를 계약하기 위해 자동차 대리점을 방문했다. 자신감 넘치는 남성 판매사원이 이들을 반겼고, BMW 540i의 엔진출력과 가속력 등 자동차 성능에 대한 설명을 장황하게 늘어 놓았다. 하지만 그녀는 그런 것에 별로 관심이 없었다. 그녀가 관심을 갖고 있는 것은 좀더 중요한 어떤 것이었다. 그 어떤 것은 바로 '컵 홀더'였다. BMW 540i의 컵 홀더가 너무나도 조악했던 것이다. 그녀는 그것이 계속해서 눈에 거슬렸다. 결국 그녀는 용기를 내어 판매사원에게 말을 꺼냈다. 다음은 그녀 글의 일부이다.

나는 마음을 다잡고 속옛말을 꺼냈다.
"컵 홀더는요?"
판매사원은 나를 뚫어지게 쳐다보았다.
"컵 홀더는 여기 있습니다."
그는 보란 듯이 게의 집게발처럼 생긴 컵 홀더를 작동시켰다.
"네, 그건 알아요. 그런데 그 정도로는 평범한 커피 컵조차 들 수 없을 것 같네요."

순간 침묵이 들렀다. 판매사원은 남편을 힐끔 쳐다보았는데 그 눈길에 그의 속마음이 훤히 들여다 보였다.

'불쌍한 양반, 이런 마누라랑 어떻게 살아요?'

나는 움찔했고 남편은 쑥스러워하는 것 같았다. 야속하게도 남편의 그런 반응이 나를 또다시 움찔하게 만들었다. 판매사원은 나에게 자동차를 팔 마음이 없으며 내가 아는 누구와도 거래하지 않겠다는 뜻을 분명히 내비치는 말을 하고 말았다.

"유럽 사람들은 자동차 안에서 음식을 먹거나 음료를 마시지 않습니다."

나는 가끔 정체성이 헷갈리는 경우도 있지만 이번에는 단언할 수 있었다.

"나는 미국 사람이고 대부분의 미국 사람이 그렇듯 나도 자동차 안에서 음료를 마셔요. 솔직히 매일 아침 출근하는 길에 커피를 꼭 마시죠. 그것도 커다란 보온 컵으로요. 스타벅스에서 파는 커다란 보온 컵 아시죠?"

내 말이 끝나자마자 그는 모욕감을 듬뿍 실어 두 번째 펀치를 날렸다.

"그러시면 보온 컵을 허벅지 사이에 끼워 두면 되겠네요."

결국 이날, 이들 부부는 BMW 540i를 계약하지 않은 채로 대리점 문밖을 나섰다. 그리고 그로부터 한 달 뒤 남편이 자동차 부품을 판매하는 웹사이트에서 BMW 540i에 꼭 맞는 컵 홀더를 발견했고, 다른 대리점의 판매사원에게 가서 BMW 540i를 계약했다.

대부분의 가계소비가 이런 식으로 이뤄진다.

아내가 결정권자이다. 아내의 'OK'사인을 무시하고 큰돈을 썼다가는 후폭풍에 제대로 고통 받게 된다. 우리는 보통 이것을 일컬어서 '바가지'라고 부른다. 솔직히 말해서 남편은 힘이 없다. 과거 집에서 살림만 하던 시절부터 아내들은 비공식적으로 가계소비를 주도해왔었다. 그러던 그녀들이 요즘은 일터에 나가서 당당하게 돈까지 벌어온다. 이제 아내들은 공식적으로 가계소비의 결정권을 휘두르는 가계 내 최고 권력자이다.

아내는 여성이다. 여성은 남성이 대수롭지 않다고 여겨 놓치는 것을 잡아낸다. 남성은 이성적이고, 여성은 감성적이다. 남성은 1차원적으로 보고 여성은 다차원적으로 본다. 위의 일화에서 '브레넌'은 오랜 경험을 통해서 자동차 안에서 커피를 흘리게 되면 어떤 일이 벌어지게 되는지를 잘 알고 있었다. 커피 냄새를 없애는 것도 쉽지 않을뿐더러 시큼한 커피 냄새가 자동차에 퍼지게 되면 고급자동차를 타는 즐거움이 일순간에 사라질게 분명했다. 그녀에게 컵 홀더는 자동차의 구매결정을 내리는데 있어서 아주 중요한 문제였다. 남성에게 엔진성능과 연비가 중요하듯이 말이다. 만약 남성인 판매사원이 이 문제를 심각하게 받아들여 부품 시장이라는 해결책을 제시했었다면 어땠을까? 틀림없이 그날 그는 두둑한 수수료를 챙겨 퇴근할 수 있었을 것이다.

여성의 감성적이고 다차원적인 의사결정 체계를 이해할 수 있는 남성은 그리 많지 않다. 보통의 경우 남성은 여성을 이해하지 못한다. 여성 역시 남성을 이해하지 못하기는 마찬가지이다. 오죽하면 '남성은 화성에서 왔고, 여성은 금성에서 왔다'고 하겠는가.

대부분의 가계소비가 여성들을 통해 이뤄지고 있다. 이는 삼척동자도 다

아는 사실이다. 그런데 우리네 남성들은 하나만 알고 둘은 모른다. 가계소비뿐이 아니라 가계의 재무구성 역시도 여성들에 의해 좌지우지된다는 것을 말이다. 남성들은 너무 많은 것을 놓치고 있다. 묻겠다.

"당신네 가계에 저축이 필요하면 누가 은행에 가서 계좌를 개설하는가? 개인 연금이 필요하면? 보험이 필요하면? 펀드가 필요하면?"

모두 아내이다. 우리네 보통 가계의 재무구성이 여성의 감성적이고 다차원적인 의사결정체계에 의해 이루어지는 것이다.

남성은 아이들의 학자금을 위해 따로 돈을 모아 둘 때에 수학적으로 접근한다. 지금의 임금 상승률과 대학 등록금 상승률 따위를 생각해보기도 하고, 위험대비 기대수익률을 따져보기도 한다. 하지만 여성은 언어적으로 접근한다. 훗날 아이들이 대학을 갈 때 그간 모아놓은 돈을 건네주며 어머니의 사랑을 뽐내는 그 순간을 상상하기도 하고, 커서 아이들이 어떤 대학에 갈 지를 상상해보기도 한다.

남성은 위험대비 기대수익이 괜찮다면 기꺼이 돈을 건다. 이때 남성은 수학적이고 논리적으로 분석했기 때문에 자신의 판단을 '확신'이라고 표현한다. 하지만 여성은 위험이 조금이라도 있다면 주저한다. 이때 여성은 언어적이고 감성적으로 분석했기 때문에 자신의 판단을 '직감'이라고 표현한다. 그리고 보통, 여성의 직감이 남성의 확신보다 우월하다. 그래서 나이를 먹어갈수록 남성이 가계 재무구성에 관여할 수 있는 권한이 점점 줄어든다.

여성은 남성보다 위험에 민감하다. 언제나 그렇다. 여성은 안정을 잃고 싶어하지 않는다. 때문에 뚜렷한 위험이 나타나지 않더라도 그런 낌새가 조금이라도 느껴진다면 그곳에 돈을 걸지 않는다. 남성은 이런 여성에게 답답하다고 한다. 하지만 여성이 옳다. 소중한 것들을 확률에 걸어서는 안되니까 말이다.

내가 〈시사저널〉의 ○기자에게 마지막으로 제공했었던 글의 주제는 'ELS Equity Linked Securities(주가연계증권)'였다. 핵심 내용만 짚어보자면 다음과 같다.

"첫째, ELS는 상품의 구조가 어렵다. 때문에 일반 투자자들이 이해하기 힘들다. 둘째, ELS는 증권사의 '시세조종'과 관련된 소송들이 끊이질 않는다. 셋째, 증권사의 시세조종에 대한 법원의 판결이 오락가락한다. 넷째, 상품구조가 투자자들의 이익과 일부 모순된다. 그리고 마지막 다섯째, 이 모든 것들을 종합해 볼 때 ELS투자는 하지 않는 것이 좋다. 왜? ELS말고도 투자할 곳은 많으니까."

○기자는 내게 ELS가 투자자들에게 어떻게 해서 불리한 것인지, 그것에 대한 명확한 설명이 필요하다고 회신했다. 나는 더 이상을 명확하게 설명할 수 없었고, 결국 내 글은 사장되었다.

○기자는 기자이기 전에 남성이었다. 그래서 내 글을 이해하지 못했다. 나 역시 남성이다. 하지만 나는 여성성이 아주 다분하다.(외모가 그렇다는 것은 절대 아니다.) 물론, 나는 이것을 내 강점이라고 생각한다. 나는 보통의 남성들이 놓치는 것을 잡아낸다. ELS투자에 대한 나의 사고메커니즘이 어떻게 작동했는지를 살펴보자.

'여러 가지를 종합해 볼 때 ELS는 뭔가 구리다. ▶그래서 위험하다. ▶고로, 투자하지 않는 것이 좋다.'

'뭔가 구리다.' 이것이 내가 ELS투자를 '지양'하는 이유이다. 분명 이것은 명확한 이유가 될 수 없다. 하지만 이것이 중요한 이유는 될 수 있다. 혹시 이

돈에 대한 여러 접근 방식들

해했는가? 이해하지 못했다면 간단한 사고실험을 하나 해보자.

당신 앞에 열 개의 햄버거가 있다. 각각의 햄버거에는 숫자가 적혀있다. 첫 번째 것은 1번, 두 번째 것은 2번 하는 식으로. 열 개의 햄버거 모두 당신이 좋아하는 것이다. 이제 당신은 이중 하나의 햄버거를 먹을 것이다. 그런데 1번 햄버거에서 뭔가 구린 냄새가 난다. 썩은 냄새 인 것도 같고, 아닌 것도 같다. 자! 당신은 어떤 햄버거를 먹을 것인가?

적어도 1번은 아니다. 그렇지 않은가? 다른 햄버거가 얼마든지 많은 상황에서 굳이 뭔가 구린 냄새가 나는 1번 햄버거를 먹는 바보는 없다. 이와 마찬가지로 ELS말고 다른 투자처가 얼마든지 많은 상황에서 굳이 뭔가 구린 ELS에 투자를 해서 혹시 모를 위험을 떠안을 필요는 없다. 비슷한 효용을 기대할 수 있는 다른 선택 옵션들이 많은 상황에서, '뭔가 구리다'라는 것은 지양에 대한 명확한 이유는 될 수 없지만 중요한 이유는 될 수 있다.

남성성만으로는 이런 사고메커니즘을 구현해내기가 힘들다. 대부분의 남성들처럼 ○기자 역시 남성성이 아주 우월한 듯 하다. 때문에 남성이라면 누구나 갖고 있는 머릿속의 어떤 필터로 내 글을 걸렀을 것이다. 그리고 내 글이 사람들에게 실질적인 도움이 되지 않는다고 판단했을 것이다.

여성의 사고체계로 구성된 가계의 재무구성에 남성의 사고체계로 접근하려는 시도는 지금까지 번번이 실패해 왔었다. 금융시장의 트렌드나 상품 따위를 다룬 명확한 글들은 남성성을 기반으로 하고 있다. 이런 글들은 추상과 은유를 모른다. 때문에 천박하다. 마치 연인을 만나자마자 '섹스'이야기부터 꺼내는 것 같다. 이렇게 야하디 야하게 접근을 하니, 소녀감성을 지닌 우리들의 가계가 화답할 리가 없다.

누가 뭐래도 가계의 재무구성은 여성성이 우선한다. 만약 우리가 가계를 지금보다 더 나은 상태로 변화시키고 싶다면, 우리는 기존에 고수하고 있던 수학적이고 이성적인 돈에 대한 접근방식을 많은 부분 덜어내야만 한다. 그리고 덜어낸 그곳에 언어와 감성을 이식해야 한다. 그것도 아주 많이. 여성성 충만한 유니섹스unisex적인 접근방식이 필요하다.

돈은 행복을 구성하는 여러 요소들 중의 하나일 뿐이다

"우리는 행복하기 위해서 산다." 아마 내가 사람들에게 이렇게 말한다면, 사람들은 필시 '피식!' 하고 웃고 말 것이다. 내가 너무 당연한 것을 무슨 대단한 것이라도 되는 것 마냥 말했기 때문이다. 그런데 이것을 가만 뒤돌아 서서 곱씹어보게 되면 조금은 사정이 달라지게 된다. "우리는 행복하기 위해서 산다."라는 말은 지금까지 수 많은 철학자들과 연구자들이 머리를 부여잡고 평생을 걸쳐서 고민해온 '우리는(사람은) 왜 사는가?'라는 문제의 답이기 때문이다. 사실 그냥 '피식' 하고 웃어넘기기에는 너무나도 심오한 주제였던 것이다.

'우리는 왜 사는가?'라는 물음은 답 없는 우문愚問이다. 정답이라고 결정 내려줄 사람이 아무도 없어서 그렇다. 덕분에 어떤 답이던지 '정답취급'을 받을 수가 있다. 이런 모호성 때문에 말장난하기 좋아하는 지식인들이 지금까지 각양각색의 답을 내놓았었다. 그 중에 가장 대세를 이루는 답은 역시나 "우리는 행복하기 위해서 산다."다. 이에 대한 수 많은 논증들이 이뤄진 상태이지만, 나는 그 중에서 〈나는 아내와의 결혼을 후회한다〉라는 책으로 잘 알려진 문화심리학자 김정운의 '논증'을 가장 좋아한다. 그의 논증은 다음과 같다.

"왜 사냐고 묻거든 그냥 히죽히죽 웃을 일이 아니다. 우리는 행복하기 위해서 산다. 아닌가?"

김정운 〈노는 만큼 성공한다〉 21세기 북스

귀엽다. "아닌가?"라는 세 글자의 되물음이 여타의 논증들을 가볍게 압도한다. 논증할 필요조차 없다는 것이다. 이것이야 말로 '우문현답愚問賢答'이고 '촌철살인寸鐵殺人'이다. '우리는 왜 사는가?'에 대한 문제를 깊게 이야기해봐야 얻는 것은 없고 골치만 아프다는 사실을 그는 잘 알고 있는 듯 하다. 우리도 정신건강을 위해서 '우리는 행복하기 위해서 산다'고 치고 이야기를 이어나가 보자.

역시 우리가 궁극적으로 추구하는 것은 행복이다. 그리고 우리는 돈으로 행복을 살수 있다고 생각한다. 반세기 전 까지만 하더라도 우리가 이런 생각을 갖는 것에는 아무런 문제가 없어 보였다. 그때만 해도 '돈=행복'이었다. 누구나가 가난하고 배고팠던 그 시절은 돈으로 사들이는 물건이나 서비스들이 '생존'의 문제와 직결됐기 때문이다. 그 시절 돈에 대한 문제는 곧 생존의 문제였다. 하지만 돈 문제를 생존의 문제와 직결시키기에 많은 무리가 따르는 지금, 돈으로 행복을 살 수 있다는 생각은 그 힘이 예전만 하지 못한 것 같다.

만약 돈으로 행복을 살 수 있다면 다 쓸 수 없을 만큼의 많은 돈을 가진 사람, 우리가 흔히 부자라고 부르는 사람들은 행복해야 한다. 적어도 돈에 쪼들리는 우리들보다는 그래야만 한다. 그러나 불행한 부자는 많다. 그것도 아주 많다. 가족과 의절義絶한 부자, 건강이 좋지 않은 부자, 악랄한 방법으로 돈을 벌어들여 사람들에게 손가락질 당하는 부자가 행복을 위해 바라는 것이 여전히 돈은 아닐 것이다.

돈은 생존의 문제를 넘어서는 그 이상의 '어느 수준'까지는 행복과 밀접한 관계를 맺고 있는 것이 분명해 보인다. 또한 '어느 수준'을 넘어서게 되면서부터는 그 관계가 멀어지게 되는 것 역시 분명한 것 같다. 이에 대해 미국의 극작가 '닐 사이먼Neil Simon은 아주 재치 넘치는 말을 남겼다.

"돈은 약간의 행복을 안겨준다. 하지만 어느 수준이 지나면, 돈은 더 많은 돈을 안겨줄 뿐이다."

그의 말이 틀리지 않다면 우리는 '어느 수준'까지 최대한 돈을 이용할 줄 아는 지혜를 발휘해야 할 것이다. 그 '어느 수준'의 이후부터는 돈이 행복을 안겨주지 않을 테니까 말이다.

잠시 내 어머니 이야기를 해야 할 것 같다.

내 어린시절 어머니는 부침개 부치시는걸 좋아했었다. 운동장에서 뛰어놀다 들어오면 언제나 식탁에 부침개가 차려져 있었고, 배고픈 상태에서 한 젓가락 찢어먹은 그 맛은 정말이지 예술이었다. 그리고 언제나 그렇듯이 두 번째 젓가락이 첫 번째 젓가락보다 맛이 조금 덜 했고, 세 번째 젓가락이 두 번째 젓가락보다 맛이 조금 덜 했다. 이렇게 계속해서 맛이 떨어지다가 결국 '어느 수준'부터는 부침개의 어떤 맛도 느껴지지 않았고, 결국 먹는 것이 곤욕인 순간까지 찾아왔다. 그런데도 식탐이 지나쳤던 나는 "아이고! 배불러!"를 연발하면서도 젓가락을 놓지 못했고, 늘 이쯤 해서 어머니가 등 짝을 후려치며 이렇게 일갈했다. "무식하게도 먹었네!"

경제학자들은 첫 번째 젓가락 보다 두 번째 젓가락의 맛이 덜하고, 두 번째 젓가락보다 세 번째 젓가락의 맛이 덜 한식으로 재화에 대한 개인의 주관적 만족도가 점점 상실되어 가는 상황을 일컬어, '한계효용체감의 법칙law of diminishing marginal utility'이라고 부른다. 그리고 돈의 한계효용체감의 법칙을 최초로 주장한 인물이 바로, '아리스토텔레스Aristoteles'이다. 그는 일정액의 돈이 추가로 증가할 때마다 소유자가 얻는 혜택은 줄어들고, 그러다 어느 수준을 넘어서면 더 가지는 것이 아무런 가치도 없고 심지어 해롭기까지 하다고 믿었다. 그는 '무제한의 부는 커다란 가난'이라고까지 설파했다.

한계효용체감의 법칙을 '재정자립프로그램'에 접목시켜 사람들에게 널리 전파 시킨 이들이 있다. 바로 〈돈 사용설명서your money or your life〉의 저자로 잘 알려진 '조 도밍후에즈Joe Dominguez'와, '비키 로빈Vicki Robin', '모니크 틸포드Monique Tilford'인데, 이들은 돈이 행복과의 관계를 멀리하기 시작하는 '어느 수준', 부침개의 맛이 느껴지지 않는 '어느 수준'을 충분함enough'이라고 부른다. 다음은 이들이 충분함을 설명하기 위해 즐겨 사용하는 '만족곡선'이라고 불리는 그래프이다. 그래프를 보며 이야기를 이어나가 보자.

그래프를 보면 이들이 말하는 '충분함'의 지점이 어디인지를 알 수가 있

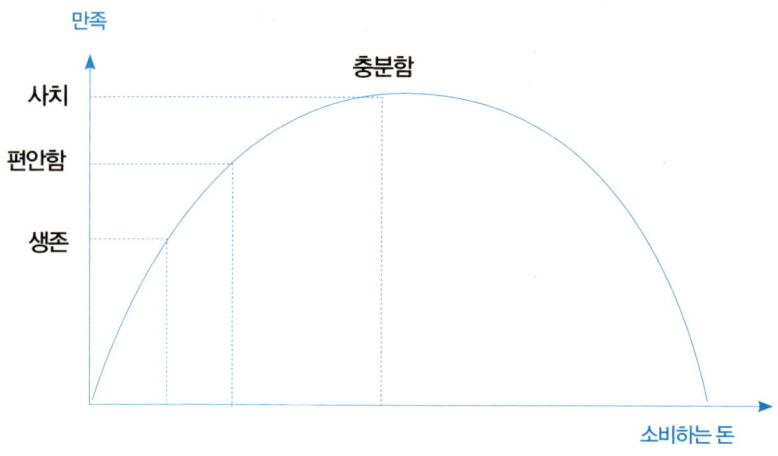

다. 이 지점은 우리의 '생존'을 위해 충분한 지점이고, '편안함'을 느끼기에도 충분한 지점이다. 심지어 작은 '사치'를 누릴 수도 있는 지점이다. '돈에 대한 문제가 곧 생존의 문제'였던 과거 반세기전의 우리는 만족곡선의 '생존'지점 언저리쯤에 있었을 것이다. 그렇다면 지금의 우리는 어디쯤에 있을까?

우리는 이것을 반드시 생각해 봐야만 한다. 만약 우리가 '충분함'의 지점, 즉 만족곡선의 정점을 인지하지 못한 채 지나쳤다면, 지금 우리에게 '돈=행복'이라는 등식이 유효하지 않을 테니까 말이다.

충분함을 지난 이후부터 돈을 통해 사들일 수 있는 만족과 행복의 양은 급격하게 줄어들기 시작한다. 돈은 더 이상 생존과 관련되어 있지도 않고, 편안함은 당연시 된다. 사치 역시 '한계효용체감의 법칙'에 의해 금세 시들해진다. 하지만 '돈=행복'이라는 등식을 맹신하고 있는 '누군가'는 계속해서 더 좋은 것, 더 큰 것, 더 새것을 사들이며 사치를 일삼는다. 물론, 이렇게 해서 얻게 되는 만족이나 행복의 양은 과거 생존이나 편안함의 상태에서 얻을 수 있는 양만큼 못하다. "돈은 바닷물과 같아서 많이 마시면 마실수록 더 목마르게 된다."는 '쇼펜하우어Arthur Schopenhauer'의 말은 충분함을 넘어섰다는 것을 인지하고 있지 못한 누군가 들을 향한 일갈이었을 것이다.

그렇다면 충분함을 지난 곳에는 무엇이 있을까? '조'등에 따르자면 그곳에는 '잡동사니'들이 있다. 잡동사니, 참으로 적절한 표현이다. 나는 이들이 말하는 잡동사니가 무엇을 의미하는지를 정확하게 알고 있다.

내 어머니 이야기를 조금 더 해야 하겠다.

어머니는 '저장강박증貯藏强迫症, compulsive hoarding syndrome'을 앓고 있다. 정신과 의사의 진단이 내려진 것은 아니지만, 나는 그렇게 믿고 있다. 만약 어머니가 '저장강박증'이 아니라면 나는 당신에게 어머니를 '기인奇人'이라고 밖에 소개할 수 없다. 의사의 진단이 내려지지 않은 데는 두 가지의 이유가 있다.

첫째, 병원에 모시고 가질 못했다. 저장강박증은 다른 정신병과 함께 발병하는 경우가 많다고 하는데, 어머니는 자신의 감정을 통제하지 못한다.(저장강박증이 다른 정신병과 함께 발병하는 경우가 많다는 것이 사실이든 아니든 상관없다. 분명, 어머니는 감정을 통제하지 못한다. 그러니 의학적인 '딴지'는 사양하겠다.) 어린 시절 병원에 모시고 가려 했다가 칼부림이 인 것이 한 두 번의 일이 아니다.

그리고 둘째, 가족이 어머니를 포기했다. 칼부림 사건 등 여러 차례 신체적 해를 입는 사건이 발생함으로 인해서 가족들의 인내가 바닥이 나 버렸다. 혹시 모를 사건에 대비하기 위해 방문을 잠그는 습관이 불과 얼마 전까지 내게 있었다.

어쨌든 어머니는 저장강박증을 앓고 있다. 저장강박증을 앓는 이들은 온 갖 것들에서 '필요'를 느낀다고 한다. 예를 들어 우리는 철 지난 달력에서 더 이상의 필요를 느끼지 못해 내다 버린다. 하지만 어머니는 철 지난 달력에서 조차 여러 가지의 필요를 느낀다. 그것들을 모아 철을 하게 되면 이면을 활용한 메모지가 될 수도 있을 것이고, 멋진 그림이 그려진 것은 액자에 넣어 작품으로 감상을 할 수도 있을 것이다. 이런 식의 일말의 가능성들이 어머니에게 필요로 다가온다. 실제 거실 쪽에서 바라본 내방의 문에는 고양이들이 그려진 철 지난 달력, 네 장이 붙어있다. 어머니가 몇 해전 감정을 조절하지 못해 다리미 등으로 문을 부수었는데, 그것이 보기 좋지 않으셨던 모양이다.

이런 어머니에게 돈이 생긴다면 어떨까? 일반적인 가정에서처럼 아버지가 매달 일정 금액의 생활비를 어머니에게 조달해 준다면 그때는 어떤 일들이 벌어질까? 당연히 밖으로 나가서 필요를 느끼는 온 갖 것들을 사 들일 것이다. 우리들은 이것을 흔히 '돈 쓰는 재미'라고 표현한다.

바로 이놈의 '돈 쓰는 재미' 덕에 어린 시절 식탁에는 늘 부침개가 차려져 있었다. 어린 아들 셋을 위한 의복 비, 식비 등의 생활비는 부침개에 들어갈 부침가루 값 정도를 제외하고는 모두 어머니가 필요를 느끼는 온 갖 것들을 사 모으는데 사용됐다. 부침개가 질려 먹지 못하겠다고 칭얼대면 언제나 "배부른 소리한다!"며 등 짝을 후려쳤고, 그런 날에는 아버지가 운영하는 양복점 옆의 구멍가게에 가서 빵과 우유를 외상질해다가 먹었었다.(어머니 덕에 부침개를 싫어하게 됐고, 아버지 덕에 신용거래가 무엇인지 알게 됐다.)

집은 어머니가 사들인 온 갖 물건들로 가득했다. 어머니의 관심에 따라서 물건들이 집에 들어차기 시작했는데, 내 어린 시절 기억의 처음은 한약제에서 시작한다. 한의학에 관심이 많으셨던 어머니가 거실의 사방에 한약제를 쌓아두기 시작했고, 그 뒤 관심이 옷으로 이동을 했는지 한약재의 나머지 공간을 옷이 메우기 시작했다. 그리고 관심은 신발로, 그리고 이불로, 그리고 그릇으로……, 이렇게 종횡무진 이동하며 집안에 온 갖 물건들이 쌓이기 시작했다. 그리고 결국 아버지의 방과 아들 셋이 공동으로 사용하는 방을 제외한 집의 그 어느 곳에도 더 이상 물건을 쌓아놓을 수 없는 지경에 까지 이르게 되었다. 어머니는 "집이 너무 작다."고 불평했다. 어머니가 이런 불평을 할 당시에 우리 가족은 방 세 개짜리 112m2(34평) 크기의 아파트에 살고 있었다. 그리고 내 주위에 이보다 큰 아파트에 살고 있는 친구는 아무도 없었다.

주방에는 썩어가는 음식이 가득한 냉장고가 네 개나 있었고, 어머니의 옷과 신발, 가방은 수를 헤아릴 수도 없을 정도로 많았다. 그래도 어머니는 만족하지 못했다. 더 많은 것을 사들여야 한다고 주장했고, 아버지는 그런 어머니에게 지쳐갔다. 그리고 이쯤 해서 어머니에게 조달되던 생활비가 끊겼다.

당시 돈을 더 들여 더 큰 집으로 이사를 하고 더 많은 물건들을 사 들였다면, 어머니는 만족해했을까? 그런다고 과연 어머니가 행복해졌을까? 절대 그렇지 않았을 것이다. 나는 이를 확신한다. 어머니는 충분함을 지나쳤던 것이다. 살림을 책임지는 어머니가 충분함을 인지하지 못한 채 지나치자 집은 온통 잡동사니들로 넘쳐났다. 냉장고 따위의 가전제품들이 충분히 있을 때, 옷과 신발, 가방들이 충분히 있을 때, 어머니는 이제 그만 다른 것들로 관심을 돌렸어야 했다. 그리고 그 다른 관심에 아버지와 아들 셋이 있었다.

지금까지 이뤄진 행복에 대한 여러 연구들은 사람의 행복이 돈에 의한 물질적 생활수준뿐만이 아니라, 건강, 교육, 환경, 인적 네트워크 등 무수히 많은 것들에 의해 이뤄진다고 말하고 있다. 즉, 행복은 다차원적인 것이고, 돈은 행복을 구성하는 여러 요소들 중의 하나라는 것이다. 어머니는 이것을 몰랐다.

어쩌면 어머니는 저장강박증을 앓고 있는 병자가 아니라 그저 조금 특이한 사람일 지도 모른다. 사실 정신병을 앓고 있는 사람과 그렇지 않은 사람간의 뚜렷한 경계도 없다. 그러니 어머니가 저장강박증을 앓고 있건 아니건 간에 나는 그것에 연연해하지 않는다. 정도의 차이일 뿐이지 어머니와 같은 사람은 세상에 많다. 수십 대의 차를 사 모으는 사람, 수백 켤레의 신발을 사 모으는 사람, 수천 개의 장난감을 사 모으는 사람 등등. 세상은 이들을 수집가라고 부른다. 어쩌면 세상은 어머니마저도 수집가라고 부를지 모르겠다.

'루소Jean-Jacques Rousseau'는 사람이 만족하는 법을 배울 수 있으며, '이만하면 충분히 가졌다'고 느낄 수 있다고 주장했다. 나는 그의 주장이 '참'이기를 바란다. 세상은 우리들에게 더 좋은 것, 더 큰 것, 더 새것을 사 들이는 방법만을 가르쳤지, 만족하는 법 충분함을 인지하는 방법을 가르친 적은 없다. 이와 관련해 '조'등이 고안해낸 '만족곡선'은 우리들에게 훌륭한 성찰의 기회를 제공해준다.

한번 생각해 보자. 지금 우리는 만족곡선의 어디쯤에 와 있는 것일까? 혹시 충분함의 지점을 지나친 것은 아닐까? 어쩌면 이러한 성찰의 부재가 우리들 행복으로의 길을 가로 막고 있었는지도 모른다.

chapter 3

잡고 있던 '헌 밧줄'을 놔야 한다

잡고 있던 '헌 밧줄'을 놔야 한다

변화는 어떻게
찾아오는가

우리는 변화를 원한다. 지금보다 더 나아진 가계家計, 지금보다 돈에 덜 쪼들리는 삶, 그리고 지금보다 더 많은 여가시간. 이런 식의 긍정의 변화를 원한다. 하지만 우리는 지금까지 변화하지 못했다. 가계는 더 나아지지 않았고, 삶은 계속해서 돈에 쪼들리며, 여가시간은 늘 부족하다. 나는 우리가 왜 지금까지 변화에 번번히 실패해왔는지, 그 실패의 이유를 알고 있다. '우리는 아직 머리를 망치로 얻어맞지 못했다.'

다음은 내가 머리를 망치로 얻어맞은 날의 이야기이다.

나는 어지간히도 빈둥거리는 것을 좋아한다. 날이 좋은 날이면 어김없이 반바지에 슬리퍼 차림으로 집 앞 공원에 나가 온종일 책을 읽는다. 며칠 전에도 날씨가 좋길래 배낭에 책을 쑤셔 넣고는 집 앞 공원으로 나갔다.

책을 읽다가 배가 고파지면 사촌 형이 운영하는 편의점으로 간다. 편의점의 오전 10시와 오후 10시에는 유통기한이 지난 음식들이 나오는데 나는 그것들을 먹는걸 좋아한다. 참새가 방앗간을 그냥 지나칠 수 없기에 그날도 편의점을 방문했다. 그런데 사촌 형이 마침 잘 왔다며, 잠시 카운터를 봐달라고 부탁하는 게 아닌가. 이런, 유통기한 지난 음식으로 은혜를 입고 있는 나에게 이것은 부탁이 아니라 명령이다. 결국 카운터에 자리를 잡고 앉았다.

편의점의 카운터를 보는 일은 여간 지겨운 일이 아니었다. 마치 뇌를 공원에다 두고 온 것 같았다. 그렇게 얼마나 흘렀을까? 어떤 중년 아저씨가 내 지겨움을 모두 가시게 해줬다.

자리에 가만히 앉아 있는데, 아이스크림 두 개가 "턱! 턱!" 하고 내 눈앞에 떨어졌다. 이것은 아이스크림을 카운터에 내려놓은 게 아니었다. 분명 던진 것이었다. 가끔 이런 사람들이 있다. "야!", "너!" 해가며 반말 하는 사람. 거지 깡통에 돈 던지듯이 카운터에 돈 던지는 사람. 그들이 이런 식의 고압적인 자세를 취해 무엇을 얻는 지는 모르겠지만, 나는 정말이지 이런 '꼰대'들이 싫다.

화가나 자리에서 벌떡 일어났다. 이런, 키가 족히 190cm는 돼 보인다. 169cm의 단신을 자랑하는 나로서는 눈빛으로 제압을 할 수 있는 상대가 아니란 생각이 들어 결국 찍소리 한번 내지 못한 채 그냥 아이스크림의 가격만 말해줬다. 어쨌든 돈을 던진 건 아니니까 말이다. 그런데 또 이런, 돈도 던진다. 이제는 도저히 참을 수가 없다. 이건 분명 초 단기 아르바이트생인 나를 무시하는 행동이다. 응징해야 한다고 생각했다.

그래서 계산하고 남은 잔돈을 카운터에 던졌다. 봉투도 던졌다. 영수증도 던지려는 순간! 그의 오른손이 내 눈에 들어왔다. 그것은 의수義手였다. 그것도 너무나도 조악한.

머리를 망치로 얻어 맞은 것 같았다. 나는 갑자기 상황을 다르게 보기 시작했다. 다르게 생각하기 시작했고, 다르게 행동하기 시작했다. 내 마음속의 화는 측은함으로 바뀌었다. 그는 아이스크림과 돈을 카운터에 던져놓을 수

밖에 없었다. 그는 나를 무시하지 않았다. 오히려 그를 무시한 것은 나였다.

가엾은 그는 내가 잔돈을 카운터에 던진 덕에 그것을 챙기는데 무진 애를 먹고 있었다. 필시 아이스크림을 봉투에 담는데도 애를 먹겠지, 나는 그를 도와 잔돈을 그의 지갑에 넣어 주었고, 아이스크림 역시 봉투에 담아 그의 왼손에 들려 주었다.

어떤 '깨달음'에 의해 갑자기 상황을 다르게 보기 시작하는 것, 그래서 다르게 생각하게 되고, 다르게 행동하기 시작하는 것, 보통 이런 것을 일컬어 '패러다임paradigm의 전환'이라고 표현 한다. 그리고 나는 이것을 '머리를 망치로 얻어맞았다.'고 무식하게 표현하길 좋아한다.

실제 이런 깨달음들은 망치로 머리를 얻어 맞는 듯한 커다란 충격을 가져다 준다. 그리고 이런 충격이 머리에 가해지는 순간에 사람은 변화한다. 그것도 아주 급격하게! '원효元曉'가 그랬다.

661년, '의상義湘'과 함께 당나라로의 유학을 떠나던 '원효'는 당항성 토굴에서 해골에 고인 물을 마시는 사건으로 인해 '일체유심조一切唯心造(모든 것은 오로지 마음이 지어내는 것이다.)'의 깨달음을 얻는다. 머리를 망치로 얻어맞은 것이다. 갑자기 상황이 다르게 보이기 시작했고, 다르게 생각하고, 다르게 행동하기 시작했다. 이제 그는 어제까지의 원효가 아닌 것이다. 그는 변화했다.

그래서 그는 바로 그 자리에서, 당나라로의 유학을 포기한다. 하룻밤 사이 해골 물을 통해 얻은 깨달음으로 인해 오랜 기간 준비해온 당나라로의 유학을 포기하다니! 이 얼마나 충동적이고 극단적이란 말인가.

무릇 변화는 이런 식으로 찾아와야 한다. 깨달음은 머리를 망치로 얻어맞는 듯이 충격적이어야 하고, 선택은 거침없고 폭풍처럼 무시무시해야 한다. 조금씩 스며드는 깨달음과 봄날의 미풍 같은 선택, 이런 것들로 우리는 절대 변화하지 못한다.

변화, 특히 기존의 방향이 아닌 완전히 다른 방향으로 틀어지는 식의 극단적 변화는 많은 에너지를 필요로 한다. 변화하기 위해선 절대 우물쭈물해서는 안 된다. 우물쭈물하는 바로 그 순간에 기존의 방향을 향하는 거대한 누적 에너지가 우리를 집어삼킨다.

깨달음은 보통 보지 못한 것을 봄으로 인해서 찾아온다. 내가 중년 아저씨의 오른손 의수를 본 것처럼, 원효가 해골에서 바가지를 본 것처럼 말이다.

그날 원효는 의상이 보지 못한 것을 봤다. 이제 그에게 해골은 해골이기도 하면서 바가지이기도 하다. 하지만 해골에서 바가지를 보지 못한 의상에게 해골은 그저 해골일 뿐이다. 원효는 깨달음을 통해 의상보다 한 차원을 더 볼 수 있게 된 것이다. 그는 이제 이렇게도 볼 수 있고, 저렇게도 볼 수 있게 되었다. 다음의 그림을 보고 이야기를 나눠 보자.

앞의 그림은 오리인가? 토끼인가?

앞의 그림은 너무나도 유명한 '비트겐슈타인Ludwig Josef Johann Wittgenstein'의 '오리-토끼'라는 그림이다. 당신도 알다시피 위의 그림은 보는 이에 따라 오리로도 보이고 토끼로도 보인다. 당신이 위의 그림을 오리로 봤다고 한번 가정해 보자. 그림에서 오리를 본 당신이 내게 오리에 대한 여러 이야기들을 한다. 어렸을 적 시골에서 오리를 본 이야기, 오리 인형이야기, 어제 먹은 오리고기 이야기 등등.

당신이 그림을 통해 할 수 있는 이야기는 오직 오리 이야기뿐이다. 당신은 절대 내게 토끼 이야기를 할 수 없다. 왜? 그림에서 토끼를 보지 못했으니까.

이제, 오리이야기를 한참하고 있는 당신에게 내가 이렇게 말했다고 생각해보자.

"저기, 그런데 왜 토끼 그림을 보면서 오리이야기를 하는 거죠?"

분명 당신은 이렇게 말 할거다.

"응? 토끼 그림이라뇨? 분명 오리 그림인데, 여기 오리의 부리가 있잖소."

"아닌데? 이건 토끼의 귀인데?"

바로 이때. 당신과 내가 이구동성異口同聲으로 외친다.

"앗! 진짜로 토끼(오리)다!"

머리를 망치로 얻어맞은 것이다. 당신과 나는 이제 토끼를 보며 오리를 볼 수도 있게 되었고, 오리를 보며 토끼를 볼 수도 있게 되었다. 그렇다. 이제 드디어 당신이 내게 토끼 이야기를 할 수 있게 된 것이다. 어렸을 적 시골에서 토끼를 본 이야기, 토끼 인형이야기, 어제 먹은 토끼고기(?) 이야기 등등.

머리를 망치로 얻어맞는다는 것이란 바로 이런 것이다. 오리로 보던 것을 토끼로 보게 되는 것. 여기서 본다는 것이란 단순히 눈으로 본다는 것을 의미하지 않는다. 이해하고 해석하고 지각知覺한다는 것을 의미한다.

우리는 변화를 원한다. 변화하기 위해선 이처럼 머리를 망치로 얻어맞아야 한다. 즉, 깨달아야 한다. 그렇다면 깨달음은 나 혹은 원효처럼 직접적인 경험을 통해서만 얻어지는 것일까?

절대 그렇지 않다. 깨달음은 위의 '오리-토끼' 그림의 예에서처럼 누군가가 오리의 부리를 가리키며 "이것은 토끼의 귀입니다."라고 말해주는 것만으로도 얻을 수 있다. 깨달음은 가르침을 통해서도 충분히 얻을 수 있는 것이다. 물론, 우리는 이것을 잘 알고 있다. 그래서 우리는 수많은 선생들을 찾아다니며 가르침을 받으려 한다.

그런데 문제가 하나 있다. '재테크 전도사'쯤으로 통하는 선생들이 한결같이 "청둥오리", "검둥오리:, "황오리" 하며 오리에 대한 이야기들밖에는 하지 않는 것이다. 아무도 오리의 부리를 가리키며 "이것은 토끼의 귀입니다."라고 말해주지 않는다.

이런 문제 때문에 앞서 1장과 2장에서 돈에 대한 여러 접근방식들을 살펴봤다. 앞서서 살펴본 것들이 바로 토끼에 대한 이야기들이다. 물론, 나는 우리가 앞서의 것들을 통해서 깨달음을 얻게 될 것이라고는 생각하지는 않는다. 이것은 에너지의 문제이니까 말이다. 오리를 토끼로 보게 만드는 데는 아주 작은 에너지가 필요하다. 문제의 규모가 작기 때문이다. 그저 "이것은 토끼의 귀입니다." 라고 말해주는 것으로 족하다. 하지만 기존 우리들이 취하고 있는 돈에 대한 접근방식들은 우리 삶에서 일어나는 다양한 문제들과 여러 유기적인 관계를 형성하고 있는 큰 문제인 만큼, '엄청나게 큰 에너지'

를 필요로 한다. 이것은 그저 "돈에 대한 문제는 이렇게 접근할 수도 있습니다." 라고 말해 주는 것만으로 끝날 문제가 아닌 것이다. 우리에게는 '작은 변화'가 아닌 '큰 변화'가 필요하고, 이것을 위해서는 엄청나게 큰 에너지가 필요하다.

당신은 궁금할 것이다. '큰 변화'를 가능케 한다는 내가 말한 그 엄청나게 큰 에너지라는 것이 어떻게 얻어지는지 말이다.

그것은 기존의 것들에 대한 부정을 통해서 얻어진다. 오리를 토끼로 볼 수 있게 된 계기가 오리에 대한 부정이었듯이(위의 '오리-토끼'그림의 예에서 내가 "아닌데? 이건 토끼의 귀인데?"라고 부정을 하자 당신이 토끼를 볼 수 있게 되었다.) 기존 우리들이 취하고 있는 돈에 대한 접근방식들에 대한 부정이 필요하다. 그리고 그 부정은 아주 철저해야만 한다. 우리에게는 엄청나게 큰 에너지가 필요하니까 말이다.

철저한 부정으로 기존의 모든 것들을 불태워야 한다

패러다임paradigm이라는 개념은 1962년, 미국의 과학자 '토머스 쿤Thomas S. Kuhn' 의 책 〈과학 혁명의 구조The Structure of Scientific Revolutions〉에서 처음으로 소개되었다. 패러다임의 개념을 한마디로 규정한다는 것은 쉬운 일이 아니다. 쿤조차 이 개념에 대해 혼동이 있었던 듯 하다. 우리는 그저 어떤 시기의 어떤 과학자 집단들이 공유하고 있는 '사고의 틀' 정도로 생각을 하면 될 것이다.

그는 이런 공통적 패러다임이 존재하고 모든 과학자 집단들이 이것을 이해하고 해석하는데 아무런 무리가 없는 때를 일컬어 '정상 과학의 시기'라고 불렀다. 하지만 어느 순간, 기존의 패러다임으로는 절대 해결할 수 없는 문제나 기능적 결함이 발생하게 되고, 결국 기존의 패러다임은 '위기'에 봉착하게 된다. 이제 기존의 패러다임을 따르던 과학자 집단들은 이것을 대체할 만한 다른 여러 가지 의견을 주장하는 집단들로 분열하기 시작한다. 쿤은 바로 이때를 일컬어 '과학 혁명의 시기'라고 불렀다. 더 나은 것으로의 변화를 원하는 과학자들이 '정상과학의 시기'를 가만 내버려 두지 않는 것이다.

그의 주장에 따르자면 과학은 기존의 패러다임을 기반으로 해서 점진적이고 누적적으로 연속적 발전을 하는 것이 아니라, 기존의 패러다임을 부정하는 완전히 새로운 패러다임이 나타나 그 자리를 꿰차는 식으로 급진적이고 불연속적인 발전을 하게 된다.

좀더 이해하기 쉽게 '오리-토끼' 그림을 예로 들어 설명하자면, 오리라는 패러다임을 따르는 '정상과학의 시기'에서는 오리에서 연역演繹한 청둥오리, 검둥오리, 황오리 등의 이론들이 쏟아져 나오게 된다. 하지만 이런 것들로 해결할 수 없는 문제들이 계속해서 발생함으로 인해 위기가 찾아오게 되고, 결국 '과학 혁명의 시기'를 거쳐 기존의 오리를 부정하는 토끼라는 완전히 새로운 패러다임이 그 자리를 대신하게 된다. 즉, '혁명' 이전의 과학자 세계에서는 오리였던 것이 '혁명' 이후에는 토끼로 둔갑하는 것이다. 그리고 이처럼 혁명이 이루어지게 되면, 그 이전까지의 것들은 어쩌면 배신감마저

들 정도로 순식간에 아주 의미 없는 것들로 전락해 버린다. 오리라는 근본적 패러다임 자체가 토끼로 바뀌었기 때문에 청둥오리와 검둥오리따위의 지엽적枝葉的 이론들은 부질없어진 것이다. 토끼는 기존의 오리를 기반으로 하고 있지 않은 완전한 새것이기에 오리에서 토끼를 연역하려는 것은 불가능한 시도이다.

그는 과학 혁명의 예로 '프톨레마이오스Klaudios Ptolemaios'의 '천동설天動說'과 '코페르니쿠스Nicolaus Copernicus'의 '지동설地動說'을 든다. 천동설과 지동설은 서로 근본적으로 모순되는 것이며, 천동설에서 지동설을 연역하는 것 역시 불가능하다. 하지만 지동설이 천동설을 밀어냄으로써 과학의 발전이 가능했다. 물론, 이 과정에서 천동설을 기반으로 한 수 많은 이론들이 쓰레기통 속으로 버려졌지만 말이다. 때문에 정상과학을 옹호하는 이들에게 혁명은 '파괴적'으로 보일 수 밖에 없다. 그래서 혁명革命인 것이다. "혁명." 이것은 분명 '큰 변화'를 표현하기에 아주 적절한 단어이다.

가끔 누군가 들이 혁명에 대한 자세한 메커니즘을 설명해 달라고 요구를 할 때가 있는데, 그럴 때면 나는 늘 책상정리를 예로 들어가며 설명한다.

오늘 갑자기 당신 방 책상의 정리상태가 엉망이라는 생각이 들었다고 가정해보자. 분명 그제도 책상을 봤고, 어제도 책상을 봤는데 그때까지는 전혀 엉망이라는 생각이 들지 않았다. 그러던 것이 오늘 갑자기 엉망이라는 생각이 들기 시작한 것이다. 누군가가 당신 책상의 정리상태가 엉망이라고 말해 줬을 수도 있고, 홈 인테리어를 다루는 잡지에서 아주 깔끔하게 정리된 책상의 사진을 봤을 수도 있다. 무슨 연유인지는 모르겠지만 당신은 오늘 책상의 상태가 엉망이라는 생각이 들기 시작했고, '지금 이대로는 도저히 안되겠다.'라고 생각을 하게 되었다. 드디어 '쿤'이 말한 '위기'가 찾아온 것이다. 위기, 이것은 혁명을 위한 '선행조건'이다.

선행조건이 충족되었으니 이제 책상정리라는 혁명의 시기가 찾아올 것이다. 그런데 잠깐. 책상을 정리하는 방법은 두 가지가 있다. 첫 번째, 오늘 조금, 내일 조금, 모래 조금하는 식의 점진적 정리 방법. 두 번째, 모두 뒤집어엎어 단박에 끝내는 급진적 정리방법. 어떤 방법을 선택해 책상을 정리하면 좋을까?

당연히, 두 번째 방법이다. 당신이 책상정리를 한번이라도 해본 적 있는 사람이라면, 내 말에 동의할 것이다. 첫 번째 방법은 정말이지 '씨알도 먹히지 않는다.' 뭐, 어린 학생들은 부모가 억지로 책상정리를 시킬 때 이 방법을 사용할지도 모르겠다. 시늉하기엔 좋으니까 말이다.

책상정리는 무조건 단박에 끝내야 한다. 책상을 정리하겠다는 혁명의지는 지치기 쉬운 성질의 것이니까 말이다. 모든 혁명은 속도가 생명이다. 길게 끌다간 죽도 밥도 되지 않는다.

영국의 여류시인 '크리스티나 로세티 Christina Georgina Rossetti'는 이 사실을 잘 알고 있었던 듯 하다. 그녀는 '팬케이크 반죽하기'라는 시를 통해서 혁명에 대해 이야기한다.

　　팬케이크를 반죽한다.
　　부지런히 젓는다.
　　팬 위에 올리고는
　　한쪽 면을 익힌다.

날쌔게 뒤집는다.
할 수만 있다면!
세상도 뒤집어보고 싶다.

　주방에서 팬케이크를 뒤집는 일과 혁명이 크게 다르지 않다고 생각한 그녀가 귀엽다. 나는 여성 특유의 감성으로 강한 에너지를 담아내는 그녀의 시가 좋다. 이 시에서의 그녀는 전적으로 옳다. 팬케이크는 '날쌔게' 뒤집어야 한다. 그래야지만 팬케이크가 온전하게 완성된다. 분명, 그녀의 주장에 이견을 달 수 있는 이는 아무도 없을 것이다.
　그녀의 주장은 마초들만의 것으로 취급되는 전쟁이나 싸움과도 일맥상통一脈相通한다. 새 때들 마냥 시끄럽게 짹짹대봐야 지치기만 할 뿐이다. 기습적으로 적의 본진을 쳐야 하고, 잽싸게 주먹을 뻗어 상대방의 코피를 터뜨려야 한다. 그래야지만 비로소 끝이 난다.
　이런 식의 속도와 기백氣魄. 이것이 바로 에너지이다. 그리고 에너지의 크기는 기존의 상태를 철저하게 부정하면 부정 할수록 더 커지게 된다. 물론 에너지의 크기는 클수록 좋다. 혁명을 완수하려면 '카오스chaos'의 상태를 지나야 하기 때문이다. 카오스의 상태에서 에너지가 딸려 혁명의지가 꺾이는 것만큼 최악은 없다.
　두 번째 방법을 선택해 책상정리를 하다 보면 어찌된 것이 책상의 상태가 처음의 상태보다 더 엉망이 된다. 모두 뒤집어 엎었으니 그럴 수 밖에 없다. 이 상태가 바로 카오스의 상태이다. 이 상태에서 책상정리를 멈춘다면 어떻게 될까? 그야말로 엉망진창, 난장판일 것이다. 하지만 여기서 멈추지 않고 책상정리를 계속하게 된다면 분명 아주 깔끔하게 정리된 책상과 마주할 수 있을 것이다. 드디어 혁명이 완수된 것이다.

결국 혁명은 카오스의 상태를 돌파할 수 있는 에너지를 어떻게 얻어내느냐에 따라 그 '성패成敗'가 결정된다. 그리고 에너지는 기존의 것들을 철저하게 부정하고 파괴하는 과정에서 얻어진다.

실제 이런 과정을 통해서 엄청나게 큰 에너지를 얻어냈고, 덕분에 어떤 혁명을 완수해낼 수 있었던 한 남자의 이야기가 있어서 당신에게 소개하려 한다. 그의 이름은 '닐 부어맨Neil Boormen'이다.

영국 런던에 살고 있는 그는 '루이비통'의 가방과 '리바이스'의 청바지, '애플'의 컴퓨터를 좋아한다. 특히 그는 '아디다스'의 운동화를 좋아한다. 그렇다. 그는 우리네와 별반 다를 바 없는 그저 그런 취향을 가진 평범한 사람이다. 그런 그가 2006년의 어느 날, 화장실에서 머리를 망치로 얻어맞는다.

그것은 우연이었다. 동거녀(지금은 그의 아내이다.)가 좌변기 수조뚜껑 위에 올려놓은 책을 일을 보는 잠깐 사이에 읽었는데, 그 얼마간의 글이 그의 머리를 쳤다. 다음은 그가 화장실에서 읽었던 글의 내용이다.

한 기업의 브랜드는 광고를 통해 다른 브랜드와 경쟁을 벌인다. 그러나 그것이 전부가 아니다. 광고는 경쟁을 위한 메시지인 동시에 모든 브랜드가 지닌 공통적 목표를 실현시키기 위한 도구이기도 하다.

대부분의 광고는 우리에게 무언가를 더 사들임으로써 스스로를 변화시키라고 부추긴다. 그것들을 사고 돈을 쓸수록 그만큼 더 가난해질 뿐임에도 불구하고 광고들은 우리가 무언가를 더 사들임으로써 어떤 식으로든 더 풍족해질 거라고 이야기 한다.

　광고의 목적은 광고를 보는 사람으로 하여금 현재 자신의 삶에 대해 불만을 느끼게 만드는 것이다. 광고 속 제품을 사면 그의 삶이 나아질 것이라고 부추긴다. 현재의 자신보다 더 나은 모습이 될 수 있다고 부추긴다.

　광고는 불안감이라는 것 때문에 먹혀 들고 효과를 낸다. 세상의 허다한 문제들은 결국 돈 문제인 경우가 많다. 돈이 있으면 그런 문제들로 인한 불안감은 해소된다. 그러나 광고가 조장하고 이용하는 불안감은 조금 다르다. 광고는 자기들이 광고하는 그 물건을 가지지 않으면 그 사람은 아무 것도 아니라는 불안감을 조장한다.

존 버거 John Berrer 〈사물을 보는 시각 Ways Of Seeing〉

　그는 이 글을 통해 자신이 광고를 접할 때 느끼는 감정이 어떤 것인지를 난생처음으로 알게 되었다. 눈 앞을 가로막고 있던 모든 허상들이 일시에 무너져 내렸고, 지금까지의 자신을 부정하기 시작했다.

　그는 화장실을 나와 자신을 '브랜드 중독자'라고 규정지었다. 과거 자신이 알코올 중독임을 자각해 술을 끊었듯이 브랜드 중독임을 자각한 지금, 브랜드를 끊어야 한다고 생각했다.

　그가 화장실을 나와 곧장 브랜드를 끊은 것은 아니다. 사실 처음 얼마간은 중도적 입장을 취하려 했다. 하지만 중도적 입장을 취하는 정도로는 절대 혁명을 완수할 수 없다는 사실을 깨달은 그는 결국 모든 것을 뒤집어 엎어버리기로 결심한다.

　과거 술을 끊는 과정에서 술이 마시고 싶다는 생각이 들 때마다 그 유혹을 떨쳐내기 위해 집에 있던 술을 모조리 하수구에 쏟아버린 다음 빈 병들을 박살내곤 하던 그였다. 그는 혁명을 위해서는 바로 이런 식의 철저한 부정과 파괴가 필요하다고 생각했다.

2009년 6월 17일, 결국 그는 *자신의 집에 있는 모든 브랜드 제품들을 한대 모아놓고는 불태워버렸다. 그리고 이 극단적 의식을 보기 위해 300여명의 군중과 BBC등의 방송국 기자들이 몰려 들었다.

그는 에너지를 어떻게 얻어내는지 잘 알고 있었다. 아마 과거 알코올중독을 치료하면서 얻게 된 지혜일 것이다.

물론, 누군가 들은 '브랜드 화형식'이라는 의식 자체가 너무 극단적이라고 생각할 수도 있겠다. '굳이 그렇게 까지 해야만 했는가?'라는 물음을 가질 수도 있겠다. 하지만 혁명을 꿈꾸는 자에게 에너지는 넘치는 것이 미덕이다. 혁명은 모름지기 '모로 가도 서울만 가면 된다.'는 식의 자세로 임해야 한다. 혁명은 반듯이 카오스의 상태를 동반하니까 말이다.

*결국 그는 자신의 집에 있는 모든 브랜드 제품들을 한대 모아놓고는 불태워버렸다 : 텔레비전, 옷, 자전거, 가구 등 그 종류를 가리지 않고 정말 모든 브랜드 제품들을 불태웠다. 그리고 사정상 불태우지 못한 나머지의 것들은 망치로 때려 부수거나 사람들에게 나눠줬다. '브랜드 화형식'당시의 영상이 궁금하다면 '그의 웹사이트(http://www.brand-aid.info/site)'를 방문해 볼 것을 권한다.

나는 충만한 에너지로 카오스의 상태를 마구 헤쳐나가는 사람을 두고 "완전히 미쳤다."고 표현하길 좋아한다. 한번 생각해 보자, 혁명의 완수를 위해, 그것에 방해가 되는 모든 것들을 외면하는 이들을 말이다. 그들은 진짜로 완전히 미쳤다. 이들에게 중도는 안중에 없다. 이들에게 중도는 나중의 문제일 뿐이다.

사실 중도中道는 혁명을 완수한 이후 자연스럽게 찾아온다. 자는 시간과 먹는 시간을 제외한 거의 모든 시간을 공부에 쏟아 붓던 고시생이, 고시에 합격한 이후에도 거의 모든 시간을 공부에 쏟아 부을까? 아니면, 섹스중독증에 걸린 이가 중독증을 치료한 이후 섹스를 단 한번도 하지 않을까? 절대 아닐 것이다. 이렇게 중도는 혁명 이후에 어떻게든 찾아온다. 따라서 우리는 우선 완전히 미쳐야 한다.

수천 개의 이파리를 잘라내는 것보다, 뿌리를 한번 잘라내는 것이 낫다

그렇다면 무엇을 부정해야 할까? 바로 근본根本이다. '부어맨'은 '루이비통' 과 '애플', '리바이스'를 부정하지 않았다. 이것들의 근본이 되는 브랜드라는 개념자체를 부정했다. 패러다임의 전환은 근본의 전환을 의미한다. '소로 Henry David Thoreau'는 "악의 이파리를 수천 개 잘라내는 것보다 뿌리를 한 번 잘라내는 것이 더 낫다."고 말했다. 보통 근본이 되는 패러다임에 연역해 수많은 것들이 가지를 뻗어나가고 이파리를 만들어낸다.

예를 들어 '브랜드 소비는 행복을 가져다 준다.'라는 근본적 패러다임이 있다면, '루이비통', '애플', '리바이스' 따위는 이것에 연역한 '지엽적枝葉的'인 것들이다. 이것들은 '브랜드 소비는 행복을 가져다 준다.'라는 근본적 패러다임에 연역해 있기 때문에 '자신들의 브랜드를 소비하게 되면 행복해 질 것'이라고 주장한다. 보통 이런걸 두고 '콩 심은 데 콩 나고 팥 심은 데 팥 난다'고 한다. 자. 이제 이 지엽적인 것들을 부정해보자.

"'루이비통'의 소비는 우리에게 행복을 가져다 주지 않아!"

이런 식으로 어설프게 부정을 하게 되면, 그 뒤에 반드시 다음과 같은 물음이 따라 붙게 된다.

"그럼 '애플'은?"

다시 부정해보자.

"'애플' 역시 마찬가지야!"

다시 비슷한 물음들이 따라 붙는다.

"그럼 '리바이스'는? '아이다스'는? '나이키'는? 설마, '에르메스'와 '프라다'도?"

이렇듯, 지엽적인 것들을 부정해 봐야 얻어지는 것은 얼마 없다. 역시 근본적 패러다임 자체를 부정하는 수밖에 없다. 자. 이제 근본적 패러다임을 부정해 보자.

"브랜드의 소비는 우리에게 행복을 가져다 주지 않아!"

어떤 물음이 따라 붙을까? 혹시 다음과 같은 물음은 아닐까?

"그래서? 그럼 어떤 소비가 행복을 가져다 주는데?"

이제야 비로소 다음의 단계로 나아갈 수 있다. 이제 새로운 패러다임, 즉 새로운 대안을 찾아 나서면 된다.

이렇게 뿌리를 잘라내면 응당 가지와 이파리들은 자연히 말라 죽게 되어 있다. 우리는 지금까지 가지와 이파리들을 잘라내기 위해 얼마나 많은 에너지를 낭비해 왔을까? 그 에너지를 뿌리를 잘라내는데 썼다면 지금의 우리는 과연 어떤 모습을 하고 있었을까?

지금까지, '재테크'따위의 방법론들로 대표되어 왔었던 여타의 '돈에 대한 접근방식들'은 그 근본부터가 잘못되었을 가능성이 크다. 분명 어떤 근본에 연역해 이것들이 생겨났을 것이다. 지난 과거 이런 것들에 줄기차게 매달렸음에도 불구하고 우리네들의 돈에 대한 문제가 전혀 해결되지 않았다는 것은 어쩌면 근본자체가 잘못되었다는 것을 방증해주는 사례일 수도 있다.

근본자체가 잘못된 것이었다면 새로운 타이틀을 단 방법론들이 제 아무리 많이 등장한다 하더라도 우리네들의 돈에 대한 문제를 해결해 주지는 못할 것이다. 지금까지와 별반 다를 바 없는, 결국 또 오리에 대한 이야기들일 테니까 말이다.

'아인슈타인A. Einstein'은 말한다.

"잡고 있는 헌 밧줄을 놓아야 새 밧줄을 잡을 수 있다. 똑 같은 일을 비슷한 방법으로 계속하면서 나아질 것을 기대하는 것만큼 어리석은 일은 없다."라고.

그의 말은 전적으로 옳다. 우리는 이제 그만 헌 밧줄을 놓아야 한다.

나는 혹시 지금이 '쿤'이 말하곤 했던 '위기'가 아닐까 하고 생각해 본다.

'재테크'따위의 방법론들에 대한 '회의懷疑'들이 슬그머니 머리를 들고 있는 요즘이다. 하지만 이것들만으로는 부족하다. 이런 식의 회의는 흡사 가지치기와도 같다. 아무리 잘라내 봐야 다시 새로운 가지들이 뻗어 나오고, 이파리들이 자라난다.

결국 우리는 근본이 무엇인지를 찾아내 그것을 잘라내야 할 것이다. 그러지 않는 이상 우리네들의 돈에 대한 문제는 절대 완전하게 해결되지 않는다. 이것이 내 믿음이다.

우리는 근본적인 것에 집중해야 한다. 근본적인 것이 '반보半步' 움직이면, 그에 연역한 지엽적인 것들이 '만보萬步'이상 움직이게 되니까 말이다. 다음의 그림과 같은 식이다.

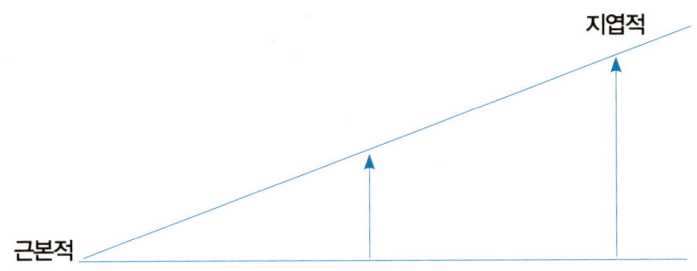

그림에서 알 수 있듯이 근본적인 것에 집중하는 것은 효율적인 측면에서 아주 합당한 일이다. 근본에 가까운 것을 움직여놓을 수만 있다면 그로 인해 얻게 되는 효과는 매우 탁월할 것이다.

chapter 4

기존의 소비행위 부정하기

'에쿠스'를 타는 아무개씨는 진중하다
하지만 '마티즈'를 타는 아무개씨는 가볍다

작년에 출간된 책 〈당신이 재테크로 부자가 될 수 없는 이유〉는 판매가 영 신통치 않았다. '라이온북스' 대표의 말을 그대로 빌리자면 "정말 신기할 정도로 팔리지 않았다." 보통 신간이 출간됐을 때 광고를 하면 어느 정도는 반응이 있기 마련인데 이놈의 책은 어찌된 것이 그 반응조차 없었단다. 아직까지 초판을 다 팔지 못했다니 말 다했다.

 재테크 초보자들을 위해 중요하지만 아주 어려운 이야기들을 쉽게 풀어서 썼는데, 어째서 잘 팔리지 않는지 그것이 미스터리이다. '독자들의 수준이 형편없어서 그렇다'고 생각하며 애써 위로하는 중이다. 많이 읽히지 않은데 대한 불만이 있을 뿐이지 인세에 대한 불만은 전혀 없다. 책이 내게 행운을 가져다 줬으니 말이다.

 책이 출간되자마자 일본에 사는 친구녀석에게 두 권을 보내줬다, 한 권은 그 녀석의 것, 또 한 권은 그 녀석 아내의 것, 이렇게 각각 사인을 해서 보내줬는데, 아내의 것이 한국어를 아는 몇몇 일본인들의 손에 이리저리 자리를 옮겨 다녔다.

 그러다 그것이 '쇼호쿠은행Shohokubank'의 간부인 '아카기 타케노리赤木 剛憲'

의 손에 들어가게 되었다. 지금 생각해도 신기하다. 과연 몇 단계를 거쳐서 책이 그의 손에 들어가게 된 것일까?

어쨌든, 그가 책을 인상 깊게 읽었다며 내게 비행기티켓을 선물로 보내왔다. 공짜여행을 마다할 내가 아니다. 당연히 일본으로 떠났다. 그리고 그를 만났다.

그와 그의 여동생은 한국에 깊은 애정을 갖고 있었다. 한국의 드라마에서부터 요리까지 여러 이야기들을 나눴고, 그러던 중 화제가 내가 개발한 '교육프로그램'으로 옮겨갔다. 나는 그 프로그램을 1인 연구소를 설립한 뒤 2년간 줄곧 개발해 왔었고, 당시 마침 개발이 완료가 된지 얼마 되지 않은 상태였다. 나는 그 프로그램의 이름을 '재정안정프로그램Financial Stability Program'이라고 소개하며 그간의 연구 과정과 성과들을 자랑스럽게 늘어놓았다.

그는 흥미가 있다며 더 이야기 해 보라고 했다. 나는 상대방이 내 이야기에 조금만 반응을 보여주면 시간가는 줄 모르고 떠들어대는 스타일이다. 그렇다. 나는 흔히들 말하곤 하는 '피곤한 스타일'이다. 결국 그날도 신이 나서는 손짓 발짓을 섞어가며 헤어지기 직전까지 그 이야기를 했다.

그리고 한국에 돌아와 본업에 충실하던 중, '타케노리'로부터 '내 프로그램에 관심이 있으니 일본에서 시연을 해 줄 수 있느냐'는 내용의 이메일을 한 통 받았다.

어떻게 되었을 것 같은가?

나는 얼마 전 '쇼호쿠은행'에 '재정안정프로그램'을 꽤 괜찮은 값에 팔아 넘겼다. 덕분에 요즘 날씨가 좋은 날이면 반바지에 슬리퍼차림으로 집 앞 공원에 나가 빈둥거릴 수 있는 것이다.

당신은 궁금할 것이다. 내가 얼마에 프로그램을 팔았는지 말이다. 장난스럽게 "비밀이에요."라고 말하고 싶지만, 그냥 8억 원이라고 솔직하게 고백하련다.

만약 당신이 잘나가는 펀드매니저나 변호사라면 이렇게 생각할 지도 모른다. '그래서 어쩌라고? 그것도 돈이야?' 일반 대기업이나 공기업의 사원이라면 이렇게 생각할 수도 있겠다. '오! 꽤 괜찮은데?' 대형마트의 캐셔나 음식점 종업원이라면 이렇게 생각하지 않을까? '젠장! 억세게 운 좋은 인간이군.'

나는 지금 당신이 내게 어떤 생각과 감정을 느끼는지 알 수 없다. 하지만 당신이 지금 내게 느끼는 생각과 감정은 내가 '쇼호쿠은행'으로부터 얼마의 돈을 받았느냐에 영향을 받는다. 부끄럽긴 하지만 사실 내 스스로 느끼는 생각과 감정 역시 내가 받은 돈에 영향을 받는다. 위의 글에서 나는 8억 원을 '행운'이라고까지 표현했다.

당신이 평범한 사람이라면 분명 내가 받은 돈과 당신의 수입을 비교할 것이고 나에 대한 생각과 감정, 그리고 나를 대하는 태도는 거기에서 비롯될 것이다.

사실, 위의 이야기는 모두 거짓이다.

은행의 이름인 '쇼쿠오'는 일본의 인기 만화였던 〈슬램덩크〉의 주인공들이 다니는 고등학교의 이름이고, '아카기 타케노리'는 그곳 농구부의 주장 이름이다.(〈슬램덩크〉의 한국어 판에서는 각각 '북산고등학교'와 '채치수'이다.)

확실하다. 우리는 여러 잣대들 중, 유독 돈이라는 잣대를 기준으로 자신과 타인을 평가하는 것에 능하다. 목소리, 행동, 말투 따위들은 돈이라는 절대 권력 앞에서 그 힘을 발휘하기 어렵다. 아마 당신은 이를 부정할 수 없을 것이다.

직설적인 화법으로 남에게 쉬이 상처를 주는 무정한 사람이 억대연봉의 CEO라면, 그것은 성공한자의 기세이다. 하지만 그가 그저 그런 연봉의 중소기업 대리라면 그것은 예의 없는 자의 객기일 뿐이다. 도곡동의 타워펠리스에 사는 어떤 이는 위너winner이다. 하지만 구로동 다가구주택의 옥탑 방에 세 들어 사는 어떤 이는 루저loser이다. 수제 맞춤양복을 즐겨 입는 그는 품격 있고 세련됐다. 하지만 싸구려 기성양복을 즐겨 입는 그는 천박하다. 에쿠스를 타는 아무개씨는 진중하다. 하지만 마티즈를 타는 아무개씨는 가볍다.

이것이 평범한 우리네가 사람을 평가하는 방식이다. 모두 돈과 관련되어 있는 것들로 그 사람을 평가한다. 세상사람들은 당신의 시계 브랜드와 차종, 지갑의 두께를 토대로 해서 당신의 아내와 아이들을 평가한다. 물론, 당신도 이와 마찬가지 방식으로 세상사람들을 평가한다.

그래서 한번 묻고 싶다.

"어머니에게 다이아몬드 반지를 선물하지 못하고, 막내 동생에게 학자금 대출이라는 이름의 빚을 지게 만든 내 아버지는 과연 무능한 남편이자 무책임한 아버지일까?"

어떤가? 아마 말도 안 되는 물음일 것이다. 분명 누구도 이런 식의 평가를 원하지 않는다. 그런데 우리는 어째서 자꾸 이런 식으로 다른 사람들을 평가 내리고 있는 것일까? 우리는 대체 언제부터 모든 것에 돈이라는 잣대를 들이대는 못된 습관을 갖게 된 것일까?

나는 우리가 모든 것에 돈이라는 잣대를 들이대는 이유가 '집착'때문이라고 생각한다.

내 지인 중에는 건강을 상실한 이가 한 명 있다. 그는 건강에 집착한다. 고로, 모든 것에 건강이라는 잣대를 들이댄다. 그는 "건강이 최고지."라는 말을 입에 달고 산다. "좋은 집에 살아서 뭐하냐, 건강이 최고지." "열심히 일해 승진하면 뭐하냐, 건강이 최고지." "돈 많아 뭐하냐, 건강이 최고지." 그는 얼마 전에 췌장암 4기를 선고 받았다. 언젠가 그가 내게 농담조로 말했다. "영혼이라도 팔아 건강을 되찾고 싶다."고.

건강을 상실한 이는 모든 것을 건강과 연관 지어 생각하고, 사흘 굶은 이는 모든 것을 먹을 것과 연관시켜 생각한다. 망치를 든 목수에게는 모든 것이 못으로 보이는 법이다. 집착은 한가지 현상에서 많은 의미들을 끄집어낼 수 있는 창조성의 밑거름이 된다.

사람에 집착하는 이는 사람의 단순한 몸짓에서 수십 개의 의미를 찾아내고, 사랑에 집착하는 이는 사랑하는 이의 짧은 글에서 수백 개의 의미를 찾아낸다. '모티머 J. 애들러Mortimer Jerome Adler'는 〈독서의 기술How to Read a Book〉에서 다음과 같이 말한다.

"사랑에 빠져서 연애편지를 읽을 때, 사람들은 자신의 실력을 최대한 발휘하여 읽는다. 그들은 단어 한마디 한마디를 세 가지 방식으로 읽는다. 그들은 행간을 읽고 여백을 읽는다. 부분의 견지에서 전체를 읽고 전체의 견지에서 부분을 읽는다. 콘텍스트와 애매성에 민감해지고, 암시와 함축에 예민해진다. 말의 색깔과 문장의 냄새와 절의 무게를 알아차린다. 심지어는 구두점까지도 고려한다."

이는 사랑이라는 이름의 집착이 없다면 불가능한 일이다. 보험설계사의 DM과 회사 대표의 새해 안부 인사는 절대 이렇게 까지 읽힐 수 없다. '헬렌 켈러Helen Adams Keller'는 53세에 쓴 자신의 글 〈사흘만 볼 수 있다면Three Days to See〉에서 집착하는 이가 집착의 대상을 통해서 얼마나 많은 의미들을 부여할 수 있는지를 여실하게 보여준다.

그녀는 자신이 사흘 동안 앞을 볼 수 있게 된다면 과연 무엇을 할 것인지에 대해서 덤덤하게 써내려 간다. 또한 그녀는 만약 자신이 대학의 총장이라면 '눈을 사용하는 법'이라는 강의를 필수 과정으로 개설할 것이라고도 썼는데, 그녀는 이 강의가 "사람들이 아무 생각 없이 지나치는 것들을 진정으로 볼 수 있다면 삶이 얼마나 즐거울지를 알게 해주는 강의"가 될 것이라고 확신한다. 사실 보는 것을 당연하다 생각하는 우리네들에게는 그저 황당한 소리일 뿐이다. 그녀는 '시각(보는 것)'에 집착했고, 그것에서 많은 의미들을 찾아냈다. 다음은 그녀 글의 일부이다.

"나는 가끔 두 눈이 멀쩡한 친구들에게 그들이 보는 게 무엇인지 알아보는 실험을 해봅니다. 얼마 전, 친한 친구를 만났는데 그 친구는 마침 숲 속을 오랫동안 산책하고 돌아온 참이었습니다. 나는 무엇을 보았느냐고 물었습니다. "별거 없어." 내가 그런 대답에 익숙해지지 않았다면 절대 그럴 리가 없다고 생각했겠지만. 나는 이미 오래 전부터 눈이 멀쩡한 사람들도 실제로는 보는 게 별로 없다는 사실을 잘 알고 있답니다.

어떻게 한 시간 동안이나 숲 속을 거닐면서도 눈에 띄는 것을 하나도 보지 못할 수가 있을까요? 나는 앞을 볼 수 없기에 다만 촉감만으로 흥미로운 일들을 수백 가지나 찾아 낼 수 있는데 말입니다."

그리고 그녀는 글을 다음과 같이 끝낸다.

"단언하건대 모든 감각 중에서도 시각이야말로 가장 즐거운 축복입니다."

시각에 집착하는 그녀는 모든 것에 '시각'이라는 잣대를 들이댄다. 아마 그녀는 '전쟁'이라는 주제로 이야기를 시작했다가도 '시각'이라는 주제로 이야기를 끝낼 수 있을 것이다. 이것은 우리네들이 어떤 주제로 이야기를 시작하든지 간에 결국에 가서는 '돈'이라는 주제로 이야기가 끝이 나게 되는 현상과 그 궤를 함께한다.

 잠시 생각해보자, 만약 그녀가 장님이 아니었다면 어땠을까? 그때에도 모든 것에 '시각'이라는 잣대를 들이댔을까? 만약 그가 췌장암 4기를 선고 받지 않았다면 어땠을까? 그때에도 "건강이 최고지." 라는 말을 입에 달고 살았을까?

 절대 아닐 것이다. 집착은 상실, 혹은 상실하게 될지도 모른다는 두려움에서 시작한다. 사랑 역시 마찬가지이다. 김소월의 시 〈진달래 꽃〉을 한번 떠올려 보자. 이 시는 사랑의 절정의 순간을 표현한 시이다. 시의 시작은 이러하다. "나 보기가 역겨워 가실 때에는", 이를 영어로 바꾸게 되면 "if you go away(만약 당신이 떠나간다면)"가 된다." 즉, 시의 화자는 지금 상대방과 이별을 한 상태가 아닌 것이다. 이별을 하게 된다면 어떨까를 가정한 것이다.

헬렌 켈러가 만약 사흘만 볼 수 있다면 어떨까를 가정했듯이 말이다. 이별의 두려움이 가장 크게 다가오는 순간은 역설적이게도 사랑의 기쁨이 절정인 순간이다. 이때 우리는 주체할 수 없는 기쁨을 혹시나 상실하게 될 까봐 두려움을 느끼게 된다.

그렇다면 집착은 어느 때 사라지는 것일까? 바로, 느끼지 못할 때이다. 기쁨, 아픔, 사랑, 괴로움 따위를 느끼지 못할 때 집착은 자연스레 사라진다. 건강에 집착하는 이가 영혼이라도 팔아 돌아가고 싶어하는 '건강의 상태'가 바로 '무감無感의 상태'라는 점에 주목하자. 건강한 이는 숨쉬는 것을 느끼지 못한다. 하지만 건강을 상실한 이는 자신이 숨을 쉬고 있다는 것을 느낀다. 눈꺼풀을 뜨면 앞이 보이는 것이 당연한 사람은 본다는 것에 대해 무감하다. 하지만 시력이 아주 좋지 않은 나 같은 사람은 앞을 볼 수 있다는 것에 감사함을 느낀다.(사실 나는 시력이 무척이나 좋지 않다. 지인들이 시력교정술을 권하고는 있지만 부작용이 두려워 감히 엄두도 내지 못하고 있다.) 헤어지는 연인은 사랑에 대해 무감하다. 하지만 사랑을 느끼는 연인은 헤어지지 않는다.

보통 배고픔이나, 질병, 추위 등의 불행을 느끼지 않는 무감의 상태를 일컬어 '소극적 행복'의 상태라 부른다. 그런데 이런 소극적 행복의 상태를 진정 행복의 상태로 여기려면 배고픔이나 질병 따위를 잠시 경험하거나 최소한 그런 것들을 경험할 지도 모른다는 두려움을 먼저 느껴야만 한다.

배고픔을 경험해 보지 못한 사람과 질병을 경험해보지 못한 사람은 밥을 먹는 행위와 건강의 상태를 통해 행복을 느끼기 어렵다. 다시 말해 무감의 상태에서는 자신이 사실은 행복한 상태에 있다는 것을 느끼기가 힘들다. 이를 가끔씩이나마 느끼기 위해서는 우리에게 간헐적이고 인위적인 방식의 환기가 필요할 것이다. 때문에 헬렌 켈러는 당부한다.

"나는 장님이기 때문에, 시각이란 선물을 받은 사람들에게 그것을 가장 잘 사용하는 방법을 알려드릴 수 있답니다. 내일 갑자기 장님이 될 사람처럼 여러분의 눈을 사용하십시오." 그녀의 고상한 글은 다음과 같은 공격적 뜻을 내포하고 있다. '행복하면서 행복한 줄도 모르고 있는 멍청한 놈들!'

"무감이 바로 행복이고 충분함이다."

헬렌 켈러는 이것을 말하고 싶어했다. 만약 우리가 충분한 건강의 상태에 있다면 우리는 지금 신체의 기능에 대해 무감할 것이다. 하지만 우리가 지금 신체의 기능을 느끼고 있다면, 우리는 분명 충분한 건강의 상태가 아니다. 다음 둘 중의 하나이다. "넘치거나, 부족하거나" 마찬가지로 우리가 돈에 대해 무감하다면 우리는 지금 재정적으로 충분한 상태에 있다고 결론 내려도 무방하다. 하지만 매달 25일이 기쁨이자 고통이라면 우리는 충분하지 않다.

저축의 규모를
늘리는 방법

최악의 가계저축률을 기록하고 있는 요즘이다. 과거 한국의 가계저축률[1]은 경제성장에 따른 가계소득증가 등을 원인으로 하여 20%대의 높은 수준을

---

1) 가계저축률은 개인 순 저축률을 기준으로 한다.

꾸준하게 유지해왔었다. 물론 1990년대 들어서는 경제성장둔화와 더불어 다소 하락하기는 했지만 그것이 20% 내외의 높은 수준인 것에는 변함이 없었다. 그러던 것이 IMF외환위기를 거치며 2000년대에 들어서 급격히 추락하기 시작하더니, *급기야 지금에 와서는 그때의 반에 반 토막에도 미치지 못하는 상황에까지 이르게 되었다. 1990년대 이후 최고수준이었던 1991년의 24.4%에 비하자면, 지금의 3%대 가계저축률은 정말이지 너무나도 초라하다.

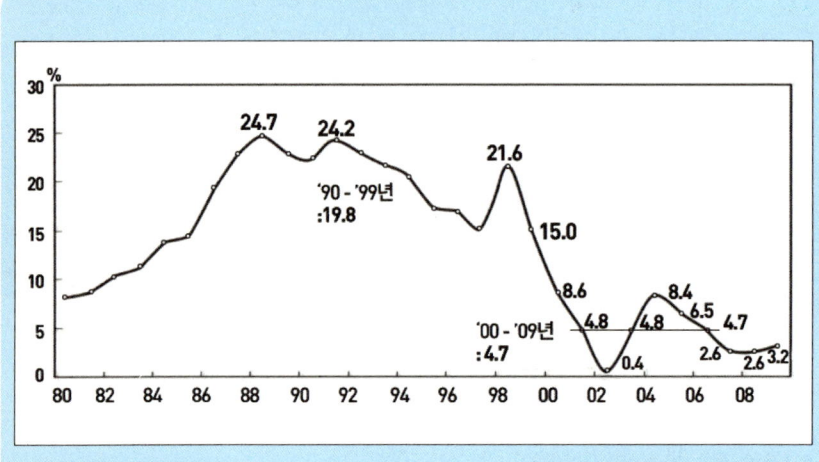

한국의 가계저축률 (출처: 한국은행)

*급기야 지금에 와서는 그때의 반에 반 토막에도 미치지 못하는 상황에까지 이르게 되었다 : 1990~1999년까지의 평균 가계저축률은 19.8%이고, 2000~2010년까지의 평균 가계저축률은 4.7%이다. (그래프 참조)

(출처: 한국은행 『국민계정』)

가계저축률이 하락하게 된 데에는 여러 요인들이 있을 것이다. IMF외환 위기 이후 기업이 더 이상 고용에 대한 책임을 지려하지 않는 것이 그 요인중의 하나일 것이다. 기업은 노동시장 유연화와 노동비용의 축소 등 갖가지 그럴싸한 이유 들을 내세워가며 상용직 근로자의 비중을 꾸준하게 축소시켜왔다. 그리고 그 빈 자리를 임시직이나 일용직근로자들로 채웠다. 실제 IMF 외환위기의 발생시점인 1997년 기업에 고용중인 임시·일용직 근로자의 비중은 28.9%에서 2002년 33.0%로 4.1%P 확대 되었고, 같은 기간 상용직 근로자의 비중은 34.3%에서 31.0%로 3.3%P 축소되었다. 그리고 이 같은 고용불안은 가계소득의 증가세를 단숨에 꺾어버렸다.

한국은행에 따르자면 1990년대 12.7%에 육박하던 가계소득 증가율이 2000~2009년 중에는 1990년대의 절반 수준에도 미치지 못하는 6.1%로 크게 낮아졌다. 이 밖에도 예·적금의 금리가 큰 폭으로 떨어지며 사람들의 저축 동기가 약화된 것도 한 요인이 될 수 있겠다. 또한 2000년대 부동산시장 등의 호황으로 인해 실물자산으로 돈이 흘러 들어간 것 역시 또 다른 요인이 될 수도 있겠다.

어쨌든 확실한 것은 가계저축률이 초라한 수준으로까지 떨어졌다는 것이다. 그리고 확실한 것이 한가지 더 있다. 기존의 저축에 사용되었던 돈이 필수소비재에는 전혀 사용되고 있지 않다는 것이다.

가계의 소비에서 필수소비재가 차지하는 비중이 1990년대에는 저소득층이 47.3%, 중소득층이 40.3%, 고소득층이 33.6%였던 것이 2000년대에는

각각 35.8%, 32.8%, 27.3%로 크게 감소했다.[1]

그렇다. 기존 저축에 쓰여졌던 돈은 지금 다르게 쓰여지고 있다. 그리고 그 돈은 필수적인 것에 쓰여지지 않고 어떤 '불(不)필수적'인 것에 쓰여지고 있다. 가계부채가 무서운 속도로 증가하고 있는걸 보니 아마도 그 불필수적인 것은 돈을 많이 필요로 하는가 보다.

1999년 말 214조원 하던 한국의 가계부채는 2011년 말 912조원을 넘어섰다. 12년 사이 700조원가량이 늘어난 것이다. 증가속도 역시 엄청나지만 규모 또한 만만치 않다.

빚은 계속해서 몸집을 불려나가고 저축률은 날개를 잃은 듯이 추락한다. 장바구니물가가 올라서 그런 것은 절대 아니다. 우리네의 장바구니는 아주 탄력적이다. 갈치 값이 오르면 당분간 갈치는 장바구니에 담기지 않는다. 대신 고등어나 삼치 등의 다른 대체상품이 장바구니에 담긴다. 삼겹살 값이 올라도 마찬가지이다. 삼겹살 값이 오르는 때에는 늘 목 살이 인기이다. 사과 값이 오를 때 역시, 채소값이 오를 때 역시 이와 크게 다르지 않다. 사실 여차하면 당분간 몇 가지의 품목을 아예 안 사먹는 수도 있다. 모든 주부들이 그 정도의 융통성은 가지고 있다. 가계의 소비에서 필수 소비재가 차지하는 비중이 과거에 비해 크게 감소했다는 것이 그것을 증거한다. 먹고 살기 위해 빚을 내는 시절은 이미 반세기전에 지나왔다. 요즘은 거지도 쌀밥을 먹는다.

요즘의 사람들은 필요한need것이 아닌 원하는want것에 더 많은 돈을 쓴다. 원하는 것이 바로 불필수적인 것이다.

---

[1] 『가계저축률 하락과 정책과제(한국은행)』를 참고 하였다. 여기서 말하는 필수소비재는 의식주와 연관성이 큰 식료품과 비주류음료, 주거·수도·광열비등의 합계를 말한다.

효정이는 루이비통 가방을 원했다. 그래서 얼마 전에 루이비통 가방을 샀다. 명일이는 아우디 A6를 원했다. 그래서 얼마 전에 아우디 A6를 샀다. 희철이는 방 두 개짜리 신축아파트를 원했다. 그래서 얼마 전에 원하는 아파트를 샀다.

효정이, 명일이, 희철이, 모두 내 친구들이다. 이 친구들은 모두다 결혼을 했다. 나는 친구들의 재정상태를 자세히 알지는 못한다. 때문에 친구들이 가진 돈을 몽땅 털었는지, 아니면 36개월의 할부금융을 사용했는지, 그렇지 않다면 시세의 80%에 달하는 빚을 얻었는지를 나는 알 수가 없다. 하지만 친구들의 소비방식이 특별하지 않다는 것쯤은 잘 알고 있다. 요즘은 모두 이런 식으로 소비를 하니까 말이다.

바로 이런 식의 소비에 저축에 쓰였어야 할 돈의 대부분이 흘러 들어갔다.

앞서 수 차례 살펴보았듯이, 돈의 사용 내용은 크게 두 가지의 범주로 나뉜다. 그렇다. '저축하거나, 소비하거나'이다. 이 사실을 상기하며 다음의 물음에 답해보자.

"소득이 증가하지 않는다고 가정할 때, 저축의 양을 늘리려면 어떻게 해야 하는가?"(실질소득이 잘 증가하지 않는 평범한 우리가, 지금 당장에 저축의 양을 늘리는 방법에 대한 이야기를 하려다 보니 소득이 증가하지 않는 상태를 가정하였다.)

너무 쉬운 질문이라서 헛웃음이 났을지도 모르겠다. 지금 당신이 답한 것이 맞다. 소비의 양을 줄이면 된다. 정말 쉽지 않은가? 소비에 쓰이는 돈의 일정량을 저축으로 돌리면 되는 것이다. 그렇다면 다시 한번 묻는다.

"우리는 필요한 것에 더 많은 돈을 소비할까? 아니면 원하는 것에 더 많은 돈을 소비할까?"

　이것 역시 너무 쉬운 질문이다. 우리는 원하는 것에 더 많은 돈을 소비한다. 그것도 압도적으로 많이!

　우리가 저축의 양을 늘리는 방법은 간단하다. 원하는 것에 쓰이는 돈의 일정량을 저축으로 돌리면 된다. 보통 원하는 것은 물건이기 마련이다. 지금의 상태가 '물건은 많이 돈은 적게(물건↑ 돈↓)'의 상태였다면 이것을 '물건은 적게 돈은 많이(물건↓ 돈↑)'의 상태로 바꾸면 되는 것이다.

　1차원적인 접근방식이라 생각할 수도 있겠다. 하지만 지금 우리가 원하는 것에 너무나도 많은 돈을 쓰고 있다는 자명한 사실을 감안한다면, 이것만큼 간단하고 확실한 방법도 없다.

효정이의
루이비통 가방 ▪

이미 이름으로 짐작했겠지만 효정이는 여성이다. 그리고 내 오랜 친구이다. 효정이는 루이비통 가방을 좋아한다. 다음은 효정이가 루이비통 가방을 처음 샀을 때의 이야기이다.

　내가 군을 전역한지 며칠 되지 않은 날이었다. 그리고 아주 더운 여름이었다. 저녁쯤에 맥주가 생각나서 동네 친구녀석들을 불러모았다. 물론 효정이도 불렀다. 바로 그날 효정이가 루이비통 가방을 처음으로 들고 나타났다. 큰맘 먹고 산 것이라는 이야기를 익히 들었기에 호프집으로 이동하는 내내 아주 작정을 하고는 칭찬을 해줬다. 내 칭찬이 마음에 들었는지 효정이가 연신 웃음꽃을 피웠다. 호프집에 도착했다. 그런데 세상에! 자리에 앉기가 무섭게 가방에서 검은색의 비닐봉투를 꺼내더니 그곳에 자신의 가방을 담았다!

"차라리 비닐봉투만 들고 다녀!"라고 말하며 낄낄거리던 것이 마치 어제의 일 같다. 당시 학생이었던 효정이는 루이비통 가방을 사기 위해 주말마다 아르바이트를 했다. 그렇게 몇 달을 고생해서 모은 돈으로 산 것이니 어지간히도 소중했을 것이다. 물론 지금도 효정이는 루이비통 가방을 소중하게 다룬다. 하지만 검은색의 비닐봉투를 가지고 다니지는 않는다.

"효정이는 가방의 실체를 소비하지 않는다. 단지 루이비통이라는 하나의 기호記號(code), 또는 이미지를 소비할 뿐이다. 검은색의 비닐봉투가 그것을 말해준다." 언젠가 내가 효정이에게 이런 식의 이야기를 한적이 있었다. 그때 효정이는 강력하게 항변했다. "나는 분명 가방의 실체를 소비한다. 디자인을 중시하는 편인데 상표의 디자인, 즉 로고 또한 디자인의 일부이다. 스우시swoosh라고 불리는 나이키의 로고를 한번 생각해 봐라. 당시 검은색의 비닐봉투를 갖고 다녔던 것은 단지 가방을 아끼려는 순수한 마음에서였다." 이것이 효정이의 주장이었다. 덕분에 재미있는 사고실험을 하나 고안해 낼 수 있었다. 다음의 이야기를 떠올려보자.

내가 당신에게 루이비통 가방을 하나 선물했다. 당신은 지금 디자인이 아주 마음에 든다. 흔한 디자인도 아니며 실용적이기까지 하다. 그런데 이런!

가방 손잡이 부분의 로고를 가만 살펴보니 'LOUIS VUITTON'이라고 대문자로 표현 되어 있어야 할 것이 'louis vuitton'이라고 소문자로 표현 되어 있는 것이 아닌가? 그렇다. 소위 말하는 '짭퉁'인 것이다. 그것도 엄청나게 티나는. 화가 난 당신이 내게 와서 따졌다. "이봐요. 이 소문자의 로고를 좀 봐요. 짭퉁이잖아요!" 그러자 내가 웃으며 말한다. "소문자로 표현되어 있는 것은 짭퉁이라서 그런 것이 아니라 VVIP들에게만 판매되는 한정품이라서 그런 것입니다." 물론, 내 말은 사실이었다.

 자. 위의 이야기에서 내가 당신에게 선물한 가방의 가치는 한번 하락했다가 상승했을 것이다. 짭퉁이라는 것을 알게 되었을 때 하락했고, 진품이라는 것을 알게 되었을 때 상승했다. 그리고 당신이 가방의 가치에 변덕을 부리는 동안 디자인은 조금도 변하지 않았다. 분명하다. 우리는 가방의 실체를 소비하지 않는다.

 효정이의 성격이 워낙 불 같아서 위의 사고실험에 대한 이야기를 한 적은 없다. 만약 한다면 효정이는 분명 자신의 언짢은 기분을 어떻게든 표현할 것이다. 나는 이를 감당할 수가 없다.

 효정이는 아직도 자신이 가방의 실체를 소비한다고 생각한다. 도대체 효정이는 이런 허상虛像을 소비하기 위해 지금까지 얼마나 많은 돈을 썼을까?

 물건의 구매를 결정하는데 있어서 디자인은 아주 중요한 요소이다. 게다가 그 물건이 여성의 가방이라면 디자인은 더할 나위 없이 중요하다. 나는 아름다운 디자인을 추구하는 여성의 소비심리를 결코 부정하지 않는다. 아름다운 디자인은 존중 받아 마땅하다. 하지만 루이비통 가방보다 아름다운 디자인을 가졌으면서도 실용적이고, 게다가 가격까지 저렴한 가방들이 세상에는 얼마든지 많다. 물론 효정이도 이 사실을 잘 알고 있다. 그럼에도 루이비통 가방을 고집한다.

효정이는 루이비통 가방의 디자인에 끌리지 않았다. 다른 어떤 것에 끌렸다. 그 어떤 것은 실체의 루이비통 가방에는 없다. 그 어떤 것은 효정이가 루이비통 가방에서 보는 기호이며 이미지이다. 그리고 그 것들은 순전히 '가상'이며 '허구'이다.

원시 미개인들이 모여 사는 마을이 있다고 한번 생각해보자. 이들 마을의 입구에는 커다란 바위가 하나 있다. 다른 원시 미개인들이 그렇듯이 이들 역시 애니미즘animism적인 사고습관을 갖고 있다. 언제부턴가 이들은 바위가 마을을 지켜주는 '수호신'이라고 생각을 하게 된다. 때문에 마을에 아픈 환자가 생기면 곧장 바위에게 달려가 치성을 드린다. 아이가 태어나도, 노인이 죽어도. 가뭄이 들어도, 홍수가 들어도, 어김없이 바위에게 달려가 치성을 드린다.

이들은 바위에서 바위를 보지 않는다. 바위는 애니미즘적인 해석을 거쳐 기호화 되고 이미지화 된다. 이들은 그렇게 해서 실체의 바위에는 없는 다른 어떤 것을 본다. 그렇다. 이들은 바위에서 '수호신'을 본다. 물론 이들이 보는 것은 순전히 가상이며 허구이다.

효정이가 루이비통 가방을 보는 방식과 미개 원시인들이 바위를 보는 방식은 크게 다르지 않다. 그리고 효정이는 특별하지 않다. 효정이와 명일이, 희철이와 나, 그리고 우리모두는 실체에서 가상과 허구를 본다. 실체에서 가상과 허구를 보는것, 이것은 우리네가 물건을 보는 아주 일반적인 방식이다.

가상과 허구는 곧 의미를 뜻한다. '부어맨'은 자신의 책〈나는 왜 루이비통을 불태웠는가?*Bonfire of the Brands*)를 통해서 다음과 같은 이야기를 한다.

당신과 내가 파티에서 만났다고 가정해보자. 당신은 내가 어떤 사람인지 알기 위해 내 직업이 무엇인지, 내가 어디에 사는지, 어느 학교를 나왔는지 등에 대해 물어볼 것이다. 그리고 나 역시 그런 질문들을 하겠지만 그 대답에는 그리 귀 기울이지 않을 듯하다. 오히려 나는 당신이 입고 있는 청바지의 상표가 무엇인지, 어떤 신발을 신고 있는 지, 어떤 휴대전화를 사용하는지 등을 유심히 살펴볼 것이다. 그런 물건들이 오히려 여러분이 어떤 사람인지 말해 준다. 당신은 수많은 브랜드의 옷과 휴대전화 가운데 특정한 브랜드의 제품을 구입해 사용한다. 이는 그 제품들이 스스로에게 잘 어울린다고 생각하거나, 혹은 당신이 되고 싶은 이상적인 모습에 어울리는 브랜드라고 여기기 때문이다. 그리고 우리는 여기에 상당한 시간과 돈을 투자한다.

나라는 사람은 실로 세심하게 선택한 브랜드들의 덩어리이다. 사람들은 나를 이루고 있는 그 브랜드들을 통해 나의 직업, 교우 관계, 출신, 배경 등에 대해 가늠한다. 내 휴대전화가 블랙베리이고 내 신발이 아디다스인 것은 우연이 아니다. 지금과 같이 그 브랜드들과 끈끈한 인연을 맺게 되기까지 나는 많은 시간을 보내야 했다. 나는 당신이 내 휴대전화와 운동화를 보고 그 물건들이 전하는 메시지를 통해 나에 대해 파악해주었으면 한다. 물론 그런 브랜드들의 의미조차 모르는 사람들도 있겠지만, 그것이야 뭐 어쩌겠는가? 어차피 그런 사람들하고 친해지는 일 따위는 없을 테니 상관없다.

브랜드에 집착했던 그는 브랜드에서 많은 의미들을 찾아냈다. 그는 애플의 맥에서 '자유분방함'과 '독창성'이라는 의미를 찾아냈다. 그리고 사람들이 자신을 자유분방하고 독창적인 사람으로 여겨주기를 바랬다. 그래서 그는 애플의 맥을 썼다. 그는 랄프로렌의 셔츠에서는 강인함이라는 의미를 찾아냈다. 그래서 그는 강인한 인상을 전하고 싶을 때면 랄프로렌의 셔츠를 입었다.

브랜드 화형식 이후에도 여전히 그가 애플의 맥과 랄프로렌의 셔츠에서 같은 의미들을 찾아내는지 나는 알 수 없다. 확실한 것은 언제나 그가 '애플의 맥을 쓰는 사람은 자유분방하고 독창적이다.', '랄프로렌의 셔츠를 입는 사람은 강인하다.' 라는 식으로 자신만의 주관적 가설假設에 따라 물건을 산다는 것이다.

우리 모두는 각자의 주관적 가설에 입각해 물건을 소유한다. 내가 만약 '노스페이스의 패딩 점퍼를 입는 사람은 무식한 사람이다.' 라는 가설을 세워둔 상태라면 나는 노스페이스의 패딩점퍼를 사지 않을 것이다. 왜? 나는 무식한 사람이 아니니까. 반면 '폴스미스의 안경태를 착용하는 사람은 지적인 사람이다.' 이라는 가설을 세워둔 상태라면 나는 폴스미스의 안경태를 살 것이다. 왜? 나는 지적인 사람이니까. 이처럼 사람은 자신이 소유하고 있는 여러 물건들에 자신의 정체성을 담는다. 그리고 이것은 본능이다.

텍사스대학의 심리학과 교수인 '샘 고슬링Sam Gosling'은 이와 관련해 간단하면서도 재미있는 실험을 하나 고안해 냈다. 자신이 소유하고 있는 물건에 담겨있는 자아 정체성들을 알아보는 실험이다. "나는······이다." 라는 20문항의 미완성 문장들의 공란을 채우는 것인데, 실험 참가자들은 12분 동안 최대한 많은 빈칸을 채워야 한다. 그의 말에 따르자면 보통 주어진 시간 내에 약 17개 정도의 문장을 완성한다고 한다.

완성된 문항의 답은 아주 다양할 것이다. 어떤 사람은 "나는 종교인이다.", "나는 대학생이다.", "나는 젊은이다." 처럼 추상적인 형태의 답을 하기도 할 것이고, 또 어떤 사람은 "나는 기독교인이다.", "나는 서울대학교 학생이다.", "나는 스무 살이다." 처럼 구체적인 형태의 답을 하기도 할 것이다. 답의 형태가 중요한 것은 아니다. 중요한 것은 실험 참가자들이 소유하고 있는 거의 모든 물건들에 이 같은 자아정체성이 담겨있다는 것이다.

당신이 의식하고 있건, 그렇지 않건 간에 지금 당신이 소유하고 있는 각각의 물건들에는 당신의 정체성이 담겨있다. 그리고 어떤 물건은 오직 당신만을 향해 이야기한다. "당신은 이런 사람이에요." 라고. 또 어떤 물건은 다른 사람들을 향해 이야기 한다. "내 주인은 이런 사람이에요." 라고. 예를 들자면 다음과 같다.

지금 내 작업실의 책상에 놓여있는 스탠드는 오직 나를 향해 이야기한다. 나는 이 스탠드를 20년 넘게 사용해 왔다. 5년 전쯤 스탠드의 다리가 부러졌는데, 그것을 테이프로 칭칭 감아 사용 중이다.

나는 예전부터 '물건을 오래 쓰는 남자는 멋진 남자다.' 라는 조금 웃긴 가설을 신봉하고 있다. 때문에 나는 스탠드를 보며 이렇게 생각한다. '그래, 이것이 바로 진정한 사내의 멋이지!' 물론 스탠드도 내게 이야기한다. "당신은 멋진 남자예요." 이렇게 자신의 흥을 돋구거나 특정 메시지를 상기시켜 감정에 영향을 미치는 물건을 일컬어 '감정조절장치 Feeling Regulators'라고 한다. 그리고 감정조절 장치에는 소유자만이 알 수 있는 지극히 개인적인 의미들을 담는 경우가 많다.

당신 책상 위에 신혼여행지에서 주워온 돌이 하나 있다고 쳐보자. 당신은 그 돌을 보며 추억을 회상하기도 하고, 아내에 대한 헌신을 약속하기도 한다. 그렇다. 돌이라는 물건은 당신의 강력한 감정조절장치이다. 고슬링의 실험에서처럼 "나는……이다."로 표현하자면, 아마도 '나는 아내를 사랑하는 사람이다' 쯤이 될 것이다. 하지만 그 돌에 담긴 의미를 알고 있는 사람은 오직 당신뿐이다. 때문에 내가 당신의 돌을 보며 '책상 위에 돌을 두는 사람은 변태다.'라는 나만의 가설을 들이대 당신을 이상하게 생각할 수도 있다.

하지만 그런 일은 일어나지 않을 것이다. 지금까지 그래왔던 것처럼, 앞으로도 내가 당신의 책상을 볼 기회가 없을 테니까 말이다. 감정조절장치는 자신을 위한 물건이다. 때문에 자신이 가장 잘 볼 수 있는 공간에 놓인다. 감정조절장치는 다른 사람들에게 당신이 어떤 사람인지를 이야기 하기 위해 소유하는 물건이 아니다. 감정조절장치는 오직 당신을 향해 이야기 한다. 이렇게. "당신은 아내를 사랑하는 사람이에요."

반면, 내 구멍 난 런닝화는 다른 사람들을 향해 이야기한다. 이렇게. "내 주인은 멋진 남자예요.' '물건을 오래 쓰는 남자는 멋진 남자다.'라는 나만의 가설에 따른 것이다. 그런데 이것이 문제가 좀 있다. 나는 다른 사람들에게 멋진 남자로 보여지고 싶은데, 내 구멍 난 런닝화를 본 지인들이 나를 '패션에 무감한 남자' 혹은 '구두쇠'라고 생각을 하는 것이다. 그럴 때 마다 나는 구구절절이 설명을 늘어 놓는다. 어째서 내가 물건을 오래 쓰는 남자를 멋지다고 생각하는지에 대해서 말이다. 물론 내가 절대 패션에 무감하지도 않으며 구두쇠 역시 아니라는 사실에 대해서도 충분히 설명을 한다. 하지만 이들을 납득시키는 것은 여간 힘든 일이 아니다. 이들이 이미 '구멍 난 런닝화를 신는 남자는 패션에 무감한 남자(혹은 구두쇠)다.' 라는 가설을 세워둔 상태이기 때문이다. 아. 대체 어떻게 해야 이 수고스러움을 덜 수 있을까? 내가 다른 사람들에게 좀더 쉽게 멋진 남자로 보여지는 방법은 없을까?

물론 있다. 그것도 아주 쉬운 방법이. 사람들에게 널리 통용되는 가설을 따르면 된다. 만약 사람들에게 '구멍 나지 않은 나이키 런닝화를 신는 남자는 멋진 남자다.' 라는 가설이 널리 통용된다면, 구멍 나지 않은 나이키 런닝화를 사서 신으면 그만이다. 그러면 구멍 나지 않은 나이키 런닝화가 다른 사람들에게 말을 해 줄 것이다. "내 주인은 멋진 남자예요." 그리고 이것은 확실하게 통한다.

물건을 통해서 자신의 이야기를 다른 사람들에게 할 때에는 널리 통용되는 가설, 즉 보편적 의미를 지니고 있는 물건으로 해야만 한다. 그렇지 않으면 나처럼 오해를 사기 십상이다. 그래서 효정이는 루이비통 가방을 고집한다. 효정이는 루이비통 가방이 지닌 보편적 의미로 다른 사람들에게 자신의 정체성을 주장하고 있는 것이다.

그렇다면 한번 생각해 보자. 루이비통 가방은 과연 어떤 보편적 의미를 지니고 있을까? 아름다움? 품위? 장인정신? 예술성? 모두 아니다. 루이비통 가방이 지닌 보편적 의미는 단순하면서도 아주 노골적이다. 바로 '부富' 이다. 사람들에게 가장 널리 통용되는 루이비통 가방에 대한 가설은 바로 '루이비통 가방을 소유한 사람은 돈이 많다.'이다. 루이비통 가방이 비싸다는 사실은 누구나 다 안다. 바로 이 때문에 루이비통 가방이 많은 사람들에게 사랑을 받는다. 루이비통 가방은 다른 사람들을 향해 이야기한다. "내 주인은 돈이 많은 사람이에요."

　루이비통 가방은 효정이의 소비행태를 나타내는 하나의 상징이다. 효정이는 팬디 시계와 프라다 지갑, 페레가모 구두 등을 소유하고 있다. 이것들이 지닌 보편적 의미 역시 '부'이다. 효정이가 소유하고 있는 물건들의 보편적 의미들은 서로 모순을 이루지 않는다. 아주 조화롭다. 아마도 "나는 돈이 많다." 혹은 "나는 잘나간다." 정도면 효정이가 소유한 물건들의 의미를 모두 품을 수 있을 것이다.

　분명하다. 효정이는 다른 사람들이 자신을 '돈 많고 잘나가는 여성'으로 봐주길 바란다.

　18세기 프랑스의 철학자 '드니 디드로Denis Diderot'는 〈나의 낡은 침실 가운과 이별한 이후의 고뇌Regrets on Parting with My Old Dressing Gown〉라는 수필에서 친구에게 선물 받은 붉은색의 가운이 어떻게 자신의 서재를 바꾸었는지에 대해서 이야기한다.

　새 가운을 선물 받은 디드로는 기존에 자신이 입고 있던 낡은 가운을 버린다. 그리고 새 가운을 입고 서재에 선다. 그런데 조금 있자 하니 서재에 있는 다른 가구들이 새 가운에 비해 허름하고 초라해 보이는 것이 아닌가. 특히 책상이 눈에 거슬렸다. 그래서 책상을 새것으로 바꾼다. 그런데 이제는 의자가 눈에 거슬리기 시작한다. 그래서 의자도 새것으로 바꾼다. 이런 식으로 시계와 벽걸이까지도 새것으로 바꾼다. 급기야 그는 서재 안에 있는 거의 모든 집기들을 새것으로 바꾼다. 그리고 그는 고백한다. "나는 내 낡은 가운의 완전한 주인이었는데, 이제는 새 가운의 노예가 되고 말았구나."

　나는 가끔씩 생각한다. '과거 효정이가 호프집에 처음으로 들고 나타났던 루이비통 가방이 디드로의 가운은 아니었을까?' 하고 말이다. 지금 효정이는 너무 많은 물건들을 소유하고 있다. 게다가 효정이의 소비 씀씀이는 예전에 비해 지나칠 정도로 커졌다. 나는 그것이 못내 씁쓸하다.

앞서 말했다시피 효정이는 내 오랜 친구이다. 그래서 내게는 '그저 그런 수준'인 효정의 가계의 수입이 어느 정도 들여다 보인다. 그리고 내 계산에 효정이 가계의 수입과 효정이의 큰 씀씀이는 절대 수지가 맞지 않는다.

나는 효정의 루이비통 가방에서 효정이 가계의 구멍 난 재정상태를 본다. 하지만 다른 사람들은 효정의 루이비통 가방에서 '부'를 본다. 필시 다른 사람들은 효정이가 돈 많고 잘나가는 여성이라고 생각을 할 것이다. 그래서 오늘도 효정이는 루이비통 가방을 들고 모임에 나간다.

명일이의 아우디 A6

명일이 역시 내 오랜 친구이다. 가끔 안부인사차 명일이에게 전화를 걸 때가 있다. 그럴 때면 언제나 '제이슨 므라즈Jason Mraz'의 '아임 유어스(I'm Yours)'가 통화연결음으로 흘러 나온다. 이 노래의 경쾌한 멜로디는 명일이의 자유분방한 성격과 썩 잘 맞아떨어진다. 3년째 통화연결음이 그대로인걸 보니, 자신도 그렇다고 생각하고 있는가 보다.

그런데 이상하게도 명일이는 자신이 서비스의 이용료를 전액 지불하면서도 자신의 통화연결음을 들을 수가 없다. 자신의 통화연결음을 듣기 위해서는 자신의 전화에 자신이 전화를 거는 바보 같은 짓을 해야만 한다. 명일이는 그런 짓을 할 만큼 어리석지 않다. 그렇다. 명일이는 지금 통화연결음을 통해서 다른 사람들에게 자신의 정체성을 주장하고 있는 것이다.

통화연결음의 효용은 자신이 그것을 들을 때에 발생하지 않는다. 오직 다른 사람이 통화연결음을 들을 때, 그때야 비로소 통화연결음의 진짜 효용이 발생한다.

명일이는 아우디 A6을 타고 출·퇴근을 한다. 과연 아우디 A6의 효용은 언제 발생을 할까? 물론, 명일이가 출·퇴근을 할 때에 발생한다. 그리고 그것이 자동차의 본래 효용이다. 이동의 편의성. 그렇지 않은가? 그런데 어째 서울에 살고 있는 명일이에게 있어서 자동차의 본래 효용은 제구실을 하고 있지 못한 것 같아 보인다.

명일이는 서울시청 근처에서 일을 한다. 얼마 전 시청에 일이 있어서 방문을 했었는데, 그때 내가 일을 마친 시간이 우연히 명일이의 퇴근시간과 겹쳤다. 그때 아우디 A6을 얻어 탔다. 종각의 음식점에서 저녁식사를 간단히 하고 헤어지기로 했다. 시청에서 종각까지는 지하철로 한정거장 거리이다. 지하철 소요시간으로만 따지자면 약 3분이 걸린다. 그날 우리는 그 3분의 거리를 310마력을 지닌 아우디 A6을 타고는 30분이 걸려서야 도착했다.

지하철 애용자인 나로서는 도저히 납득할 수 없는 시간이었다. 결국 자동차 안에서 짜증이 폭발했다. 입에서 거친 말들이 터져 나왔다. 명일이가 애써 웃으며 내게 말했다. "원래 출·퇴근시간에는 이렇게 길이 막혀." 세상에! 명일이는 매일의 출·퇴근시간을 이렇게 비효율적으로 보내고 있었다.

사실 시청·종로 지역을 비롯한 강남 등의 회사밀집 지역이 출·퇴근 시간에 길이 막힌다는 것은 중학생들도 다 아는 사실이다. 그래서 생각해본다.

'회사 밀집지역에 직장을 가진 이가 출·퇴근의 용도로 자동차를 소유한다는 것은 과연 합리적인 행위인가?'

돈, 시간, 정신건강 등 거의 모든 측면에서 비합리적인 행위라는 답이 나올 수 밖에 없다. 그런데도 명일이는 자동차를 소유한다. 대체 왜 그럴까? 자동차의 진짜 효용이 출·퇴근을 할 때에 발생하는 것이 아니기 때문이다. 자동차의 진짜 효용이 발생하는 때는 따로 있다. 명일이의 예를 좀더 살펴보자.

명일이는 친구들 모임이 있는 날이면 언제나 아우디 A6을 끌고 나온다. 술을 마신다고 사전에 공지를 해도 기어코 끌고 나온다. 나는 속으로 생각한다. '저질스럽게 자동차 자랑하려고 끌고 나왔구먼.' 명일이는 어떤 식으로든 아우디 A6에 대한 이야기를 꺼내고 싶어한다. 하지만 명일이가 먼저 이야기를 꺼낼 수는 없다. 왜? 자랑하려 했던 것이 너무 티가 나니까. 그래서 언제나 내가 먼저 나선다. 뭐, 다음과 같은 식이다. "그런데 명일아. 너 자동차 어디에다 주차해놨어?"

이렇게 명일이의 아우디 A6은 효정이의 루이비통 가방과 그 의미와 효용 측면에서 궤를 함께한다. 아우디 A6이 비싸다는 사실을 모르는 사람은 없다. 아우디 A6이 지닌 보편적 의미는 효정이의 루이비통 가방과 같다. 그렇다. '부' 이다. 효정이와 명일이는 다른 사람들이 자신을 '돈 많고 잘나가는 사람'이라고 생각해 주길 바란다. 그래서 비싼 물건들을 소유한다.

그 물건들은 다른 사람들에게 그 의미를 전달해야지만 비로소 효용이 발생한다. 루이비통 가방과 아우디 A6을 집에 모셔놓기만 해서는 다른 사람들에게 '부' 라는 의미를 전달할 수가 없다. 반드시 다른 사람들에게 그것들을 내 보여야만 한다.

그래서 효정이와 명일이는 자신들의 페이스북 계정에 각각 루이비통 가방의 사진과 아우디 A6의 사진을 업로드 시켜 두었다. 사실 SNS Social Networking Service만큼 다른 사람들에게 자신이 어떤 사람인지를 알리기 위해 유용한 수단이 또 있을까 싶기도 하다. 특히 수시로 업로드 되는 사진들이야 말로 다른 사람들이 자신을 이렇게 저렇게 봐 주었으면 하고 소망하는 순간들이 분명하다.

사랑스런 눈빛으로 카메라 앵글을 응시하고 있는 사진을 업로드 한 어떤 이는 다른 사람들이 자신을 사랑스런 사람으로 봐 주기를 소망하고 있을 것이다. 자신이 공부하는 모습을 사진으로 찍어 업로드 한 또 다른 어떤 이는 다른 사람들이 자신을 학구열에 불타는 사람으로 봐 주기를 소망하고 있을 것이다.

가끔 지인들의 SNS계정들을 훑어 볼 때가 있다. 그럴 때면 너무 빤한 수작들에 헛웃음이 나곤 한다. 그들이 다른 사람들에게 어떻게 보여지고 싶어 하는지가 사진들에 너무나 적나라하게 나타나있는 것이다. 물론, 자신이 어떤 사람인지를 다른 사람들에게 표현하고픈 본능적 욕구를 모르는 것은 아니다. 나 역시도 그런 욕구를 갖고 있다. 하지만 SNS는 어째 너무 노골적이다.

명일이의 페이스북 계정에는 오메가 시계의 사진도 업로드 되어 있다. 현재 시중에서 600만원 대에 거래되고 있는 제품인데, 사진에 딸려있는 코멘

트에 따르자면 '코-액시얼 칼리버 9300 무브먼트'가 탑재되어 있는 제품이란다. 코-액시얼 칼리버 9300 무브먼트는 우수한 타임 키핑뿐만 아니라 크로노그래프 기능(시각 표시 외에 한 개 이상 바늘을 가지고 스톱, 스타트, 리스타트, 리셋 기능 등 시간을 측정하는 기능)을 갖추고 있단다. 또 '실리콘 밸런스 스프링'이 탑재되어 있기도 한데, 실리콘은 자기장의 영향을 받지 않는 특성을 지녔단다. 때문에 시계가 더욱 정확하게 시간을 측정하는 데 도움을 준다고 한다. 아무래도 이 오메가 시계는 내가 얼마 전에 2만 3천원을 주고 구입한 카시오 시계만큼 시간을 꽤 정확하게 측정하는 듯싶다. 분명 쓸만한 시계이다.

오메가 시계의 진짜 효용은 소유자가 시간을 확인할 때에 발생하지 않는다. 시간을 확인하기 위해서는 2만 3천원짜리 카시오 시계 만으로도 충분하다. 만약, 좀더 정확한 시간을 확인하고 싶다면 외부에서 신호를 받는 휴대폰 시계의 시간을 확인하면 될 것이다. 오메가 시계의 진짜 효용은 '나는 600만원 대 시계를 소비할 여력이 있는 돈 많은 사람이다.' 라는 메시지, 즉 '부'라는 의미를 다른 사람들에게 전달할 때에 발생한다. 명일이는 지금, 오메가 시계를 통해서 다른 사람들에게 자신의 '부'를 과시하고 싶어한다.

많은 경우, 소유물의 진짜 효용은 자신의 부를 다른 사람들에게 과시할 때에 발생한다. 물건 본래의 효용을 위해 소비하는 것이 아니라, 단지 과시하기 위해 물건을 소비하는 것이다.

'소스타인 베블런Thorstein Bunde Veblen'은 1899년, 자신의 책 〈유한 계급론*The Theory of the Leisure Class: An Economic Study*〉을 통해서 부자들이 돈을 버는 이유는 자본을 축적하기 위한 것이 아니라, 소비를 통한 과시를 일삼기 위한 것이라는 주장을 펼쳤다. 그의 주장에 따르자면, 부자들은 '자신은 노동을 하지 않아도 되며, 언제든지 여가와 소비를 즐길 수 있는 유한계급有閑階級이다.' 라는 메시지를 다른 사람들에게 전하기 위해 '과시적 여가와 소비conspicuous leisure and consumption'를 일삼는다.

결국, '구별 짓기distinction'라는 소리이다. 명일이는 지금 온갖 것들로 부를 과시하며, 다른 사람들과 자신이 다르다는 것을 증명해 보이려고 애를 쓰고 있다.

명일이의 페이스북 계정에 업로드 되어있는 사진들만을 두고 이야기를 하자면, 명일이는 분명 돈이 많은 사람인 것 같다. 여름 휴가 때에는 해외여행을 가고, 일주일에 한번 이상은 고급 레스토랑에서 식사를 한다. 또한 아우디 A6과 오메가 시계를 소유하고 있다.

그런데 얼래? 문제가 좀 있다.

다른 사람들의 페이스북 계정에 업로드 되어 있는 사진들 역시 이와 크게 달라 보이지 않는다. 다들 여름 휴가 때에는 해외여행을 가고, 일주일에 한 번 이상은 고급 레스토랑에서 식사를 하는 듯 하다. 브랜드가 조금씩 달라서 그렇지, 모두 비싼 자동차와 시계를 소유하고 있다. 아무래도 명일이가 구별 짓기에 성공하려면 지금보다 더 분발해야 할 것만 같다.

나는 명일이가 구별 짓기를 그만 두었으면 한다. 명일이가 구별 짓기에 성공할 수 없다는 것을 잘 알고 있으니까 말이다. 분명 명일이가 어떤 자동차를 소유하고, 어떤 시계를 소유하든지 간에 그보다 더 비싼 자동차, 더 비싼 시계를 소유한 사람이 반드시 나타날 것이다. 설령 명일이가 다른 사람들과의 경쟁에서 승리해 구별 짓기에 성공한다 치더라도, 그것은 필시 *승자의 저주

The Winner's Curse가 될 것이다.

어째서 명일이가 구별 짓기에 성공할 수 없는지를 쉽게 설명하기 위해서 잠시 효정이의 이야기로 돌아가 보자.

효정이가 처음으로 루이비통 가방을 들고 호프집에 나타나던 날, 효정이는 확실히 다른 친구들보다 돋보였다. 호프집에 모인 친구들 중 누구도, 효정이의 루이비통 가방만큼 비싼 가방을 들고 있지 않았다. 이렇게 효정이는 루이비통 가방 하나로 구별 짓기에 성공했다. 하지만 그것이 오래가지는 않았다. 얼마 지나지 않아서 다른 친구들도 루이비통 가방을 들고 나타나기 시작한 것이다. 물론, 다른 친구들도 효정이처럼 수개월 동안 아르바이트를 해서 루이비통 가방을 샀다.

효정이를 비롯한 루이비통 가방을 소유한 다른 모든 친구들은 결국에 패자이다. 친구들 사이에서 결코 매력적일 수 없는 루이비통 가방을 갖기 위해 공부할 시간을 포기해 가며 수 개월 가량을 아르바이트로 허비 했으니 말이다.

> ***승자의 저주**The Winner's Curse : 경쟁에서는 이겼지만, 그 과정에서 과도한 비용을 치름으로써 오히려 많은 것을 잃는 현상을 뜻하는 말. 보통 인수합병M&A경쟁 속에서 지나치게 높은 가격을 써내고 인수한 기업이 그 후유증으로 어려움을 겪을 때에 쓴다.

사실 처음 그날, 효정이가 루이비통 가방이 아니라 그보다 더 저렴한 MCM 가방을 들고 나타났다 하더라도 효정이는 구별 짓기에 성공 할 수 있었다. 당시까지만 하더라도 친구들 중 어느 누구도 브랜드 가방을 소유하고 있지 않았으니까 말이다.

만약 효정이가 MCM 가방으로 구별 짓기를 시도 했더라면, 구별 짓기에 성공하는 것은 물론이고, 루이비통 가방과 MCM 가방의 차액만큼을 좀더 유용한 곳에 쓸 수 있었을 것이다. 물론, 그 구별 짓기 역시 오래 가지 않을 것은 불을 보듯 뻔하지만 말이다.

위의 사례에서 우리는 두 가지의 사실을 알 수가 있다. 첫째, 효정이는 자신이 어떤 가방을 살 지만을 선택할 수 있을 뿐, 다른 친구들이 어떤 가방을 살지를 선택할 수는 없다. 둘째, 효정이는 다른 친구들의 가방을 루이비통 가방으로 바꾸게 하는 인센티브를 창출해 냈다.

여기서 중요한 것은 인센티브$_{incentive}$이다.

만약 당신이 아이들을 해외로 어학연수 보내 영어 실력을 향상시킨다면, 당신의 아이들이 좋은 대학에 들어갈 확률은 높아진다. 반면 다른 아이들이 좋은 대학에 들어갈 확률은 낮아지게 된다. 이 과정에서 당신은 다른 부모들 역시도 아이들을 해외로 어학연수 보내야 하는 인센티브를 창출해 냈다.

만약 당신이 직장에서 매일 같이 야근을 한다면 당신의 승진 기회는 커질 것이다. 물론 다른 사람들의 승진기회는 작아지게 된다. 이 과정에서 당신은 다른 사람들 역시도 매일 같이 야근을 해야 하는 인센티브를 창출해 냈다.

두 경우 모두 당신이 특정 행동을 하지 않았다면 발생하지 않았을 인센티브들이다. 사람들은 이런 식으로 서로에게 끊임없이 영향력을 행사해가며,

계속해서 새로운 인센티브들을 창출해 낸다.

이제 다시 명일이 이야기로 돌아와 보자.

명일이는 구별 짓기를 위해 아우디 A6을 샀다. 그 과정에서 명일이는 자신이 속한 공동체에 인센티브를 창출해 냈다. 이제 명일이가 속한 공동체에서 '돈 많고 잘나가는 사람'으로 보여지기 위해서는 아우디 A6쯤은 있어야 한다. 하지만 얼마 지나지 않아, '돈 많고 잘나가는 사람'으로 보여지고 싶어하는 누군가가 아우디 A6보다 더 비싼 자동차를 사게 될 것이다. 그 과정에서 그가 다시 한번 그가 속한 공동체에 인센티브를 창출해낸다. 하지만 필시 또 다른 누군가가 그 자동차 보다 더 비싼 자동차를 사며 다시 한번 인센티브를 창출해 낼 것이다. 그리고 이런 식으로 계속해서 끊임 없이 인센티브가 창출 될 것이다.

명일이가 구별 짓기에서 승자가 되려면 반드시 마지막 레이스까지 달려야 한다. 그리고 그 마지막 레이스에서 승리해야만 한다. 하지만 여기에는 두 가지의 문제가 있다.

첫째, 명일이가 계속해서 레이스를 이어나가기에는 돈이 턱없이 부족하다. 사실 명일이는 이미 한계이다.

물론 명일이가 이 레이스를 조금 더 이어나갈 수 있는 방법이 한가지 있긴 하다. 바로 최대한 일을 더 하는 것이다. 아주 지독한 형태의 '워킹 페러독스'에 빠져든다면, 명일이는 조금 더 이 레이스를 이어 나갈 수 있다. 분명히 말해두지만, '조금 더' 이어나갈 수 있을 뿐이다. 명일이는 이미 아주 많은 양의 일을 하고 있다.

그리고 가장 중요한 둘째, 이 레이스는 절대 끝이 나지 않는다.

나도 그대들처럼 되고 싶다 ▪

나는 효정이와 명일이가 단지 '돈 많고 잘나가는 사람'으로 보여지기 위해서만, '부'라는 보편적 의미를 지닌 물건들을 사 모은다고 말하려는 것은 아니다. 효정이와 명일이는 이것과 함께, 자신의 '이상적 자아'를 표현하려고 한다. 아니, 애쓰고 있다는 것이 맞는 표현이겠다.

둘의 이상적 자아가 어떤 것인지 나는 잘 모른다. 하지만, 사람은 누구나 그런 욕망을 갖고 있다. 사람은 누구나 현재 자신의 모습이 아닌, 좀더 나은 모습으로의 자신을 욕망한다.

그런데 대부분이 그 '이상적 자아'의 본질을 향해 곧장 나아가질 못한다. 본질이라는 것이 추상적이고 막연하기도 할뿐더러, 본질이전에 다른 지엽적인 것들에 정신이 팔리기 때문이다.

당신이 불행한 상태에 놓여있다고 가정해 보자. 불행의 상태에서는 행복에 대한 욕망이 그 어느 때 보다 더 뜨거워 질것이다. 때문에 당신의 이상적 자아는 지금 '행복한 사람'이다. 당신은 이제 '행복한 사람'이 되기 위해 앞으로 나아갈 것이다.

"자. 어떻게 해야 하는가?"

쉽게 대답할 수 있을 리가 없다. '행복한 사람.' 이 얼마나 추상적이고 막연한가? 그래서 당신은 당신이 생각하기에 '행복한 사람'일 것 같은 사람이 어떻게 하는지를 관찰한다. 그리고 그를 모방한다.

만약 내가 방금 "자. 어떻게 해야 하는가?"라고 물었을 때 당신이 쉽게 대답을 했다면 그것은 필시 당신이 "행복한 사람"이라고 생각하고 있는 다른 어떤 사람의 이미지를 떠올리며 한 대답이었을 것이다.

'르네 지라르Rene Girard'의 주장에 따르자면 사람은 이상적 자아를 직접적으로 욕망하지 않는다. 단지 중개자를 통해 빌려올 뿐이다.

예를 들어 '미구엘 드 세르반테스Miguel de Cervantes Saavedra'의 소설 〈돈키호테 Don Quixote〉속의 주인공인 돈키호테는 '방랑기사'를 꿈꾼다. 이것은 그가 욕망하는 이상적 자아이다. 하지만 그는 방랑기사를 향해 곧장 나아가질 않는다. 그는 단지 아마디스라는 전설의 기사를 모방한다.

그렇다. 돈키호테는 아마디스라는 전설의 기사의 '욕망'을 모방했다. 고로, 돈키호테의 욕망은 어디까지나 아마디스라는 전설의 기사의 욕망일 뿐, 돈키호테 자신의 욕망은 아니다.

만약 돈키호테가 자신의 욕망을 향해 곧장 나아갈 수 있었다면, 그는 아마디스라는 전설의 기사를 모방하지 않았을 것이다.

그는 자신의 욕망을 향해 곧장 나아갈 수 없었다. 그는 본질적인 것과 지엽적인 것, 그리고 실체와 허구를 혼동했다. 그는 망상에 사로잡혀 있었다.

사람은 거의 모든 경우에 있어서 이상적 자아를 직접 욕망하지 못한다. 단지 중개자를 통해 중개자의 욕망을 모방할 뿐이다.

그렇다면 과연 효정이와 명일이, 나 그리고 당신, 이렇게 우리모두는 누구를 중개자로 삼아서 이상적 자아를 추구하고 있는 걸까?

반세기 전이라면 아마 부모 혹은 은사쯤이면 답으로 충분했을 것이다. 과거에는 미디어매체의 접근성이 좋지 않았기 때문에 자신이 속한 한정된 영역의 지역 공동체 내에서 욕망을 모방할 중개자를 찾을 수 밖에 없었다. 하지만 지금은 그 접근성이 너무나도 좋아 졌다. 사람들은 아침에 눈을 떠서 밤에 다시 눈을 감기 전에 까지 의식했건 하지 못했건 간에 수백, 수천 개의 광고들을 접하고, 세계 각국의 사람들이 어떻게 살아가는지에 대한 소식을 듣는다. 이제 우리는 조지클루니와 브레드피트, 안젤리나졸리와 같은 할리우드 유명 배우들이나 내 지역이 아닌 다른 지역에 살고 있는 억대 연봉의 그, 혹은 그녀들을 중개자로 삼아 이상적 자아를 추구한다.

그리고 우리는 그들의 많은 것을 모방한다. 그것에 소비가 포함됨은 물론이다. 만약 '성공한 사람'이 우리의 이상적 자아라면, 우리는 우리가 생각하기에 '성공한 사람'이라고 생각되는 이들의 소비를 모방한다. 그 소비행태가 '성공한 사람'이라는 본질을 향해 곧장 나아가지 못함은 당연하다. 하지만 우리는 이것을 곧잘 간과한다.

우리가 성공한 사람이라고 생각하는 사람이 '중개자'라면, 이들이 소비하는 물건들은 '중개물'이 된다. 소유함으로써 자신의 이상적 자아에 한 발짝 더 다가설 수 있을 것 같은 착각을 불러일으키는 물건, 그것이 바로 중개물이다.

요즘은 거의 모든 물건들이 중개물을 자처한다. 그 중에 가장 대표적인 예가 바로 자동차이다. 자동차는 더 이상 이동의 편의성을 팔지 않는다. 대신 사회적인 지위를 판다. 다음은 한국경제신문에 실린 2009년형 그랜저 시승기 기사의 일부 내용이다.

"현대자동차의 그랜저는 여전히 부와 신분을 상징하는 차로 통한다. TV 광고처럼 40대에 이 차를 소유하고 있다면, 따로 말하지 않아도 주변에 웬만큼 성공했다는 인식을 심어준다. 그만큼 품격 있는 차로 소비자들의 사랑을 받고 있다."

<small>한국경제 〈그랜저 뉴럭셔리 Q270, 매끄러운 고속 코너링, 안락한승차감, 역시 그랜저!〉 2009</small>

당시의 그랜저 광고 카피 내용은 다음과 같았다.
"요즘 어떻게 지내냐는 친구의 물음에 그랜저로 대답했습니다."
다음과 같은 내용의 카피도 있었다.
"진정한 럭셔리란 과시하지 않는 것, 조용히 앞서는 것, 당신의 오늘을 말해주는 것, 새로워진 그랜저처럼."
그랜저가 부와 성공을 상징한다고 누가 말하던가? 그랜저가 럭셔리하다고 누가 말하던가? 모두, 광고 업자들이 말했을 뿐이다.
광고 업자들은 물건의 본질을 흐려 하나의 중개물로 만든다. 사람들에게 기호와 이미지, 즉 실체의 물건에는 없는 허구를 주입시키는 것이다. 너무 많은 사람들이 이런 허구를 진실로 받아들인다. 너무 많은 사람들이 이런 중개물들을 소비하며 자신이 생각하는 이상적 자아의 모습으로 한발 짝 더 다가갔다고 착각한다.
슬프게도, 중개물을 통해 자신이 지금의 모습에서 더 나아진 이상적 자아의 모습으로 한 단계 '변신upgrade'할 수 있다는 왜곡된 믿음은 자존감의 부족에서 비롯된다. 현재의 자신이 초라하다고 느낄수록 중개물을 통한 변신에 집착하게 되는 것이다.

당신의 이상적 자아가 '성공한 사람'이라고 가정을 해 보자. 만약 당신이 자신을 정말로 성공했다고 생각 한다면 당신은 당신의 차종에는 전혀 개의치 않을 것이다. 만약 당신이 손석희라면, 1991년 형 티코를 끌고 명동거리에 나선다 하더라도 그것은 당신에게 전혀 문제가 되지 않는다. 당신이 성공한 사람이라는 것을 이미 다른 사람들이 다 알고 있는데, 굳이 차를 통해서까지 당신의 성공을 증명할 필요가 없는 것이다.

하지만 만약 당신이 손석희가 아니라면 1991년 형 티코를 끌고 명동거리에 나서는 것은 많은 문제가 따를 것이다. 그래서 손석희가 아닌 당신은 그랜저 따위를 동경한다.

작년 7월, 손석희가 차고 있는 2만 4,500원짜리 카시오 손목시계가 화제가 된 적이 있었다. 아마 그는 자신이 2만 4,500원짜리 카시오 손목시계를 찬다고 해도 자신의 이상적 자아에서 멀어진다고 생각하지 않을 것이다. 보통 자존감이 충만한 이들은 그렇게 생각한다. 하지만 자존감이 부족한 이들은 수십 만원에서 수백 만원, 혹은 수천 만원대의 손목시계를 차지 않으면 자신의 이상적 자아에서 멀어진다고 생각한다.(또 모른다. 손석희를 중개자로 여기는 어떤 이는 그의 2만 4,500원짜리 카시오 손목시계를 따라서 샀을 수도 있다.)

손석희가 저렴한 시계를 찬다고 해서 그가 저렴한 사람이 되는 것은 아니다. 마찬가지로 저렴한 누군가가 비싼 시계를 찬다고 해서 그가 비싼 사람이 되는 것은 아니다. 본질이란 그런 것이다.

보통 우리가 꿈꾸는 이상적 자아의 본질은 물건들 따위야 아무래도 좋은 경우가 많다. "비싼 자동차, 비싼 시계를 소유한 사람." 이런 천박함이 우리가 욕망하는 이상적 자아일 리가 없다. 우리는 분명 좀더 아름다운 것들을 욕망하고 있을 것이다. 그 아름다운 것들이 바로 본질이다.

우리는 이제 본질로 곧장 나아갈 수 있는 방법들을 강구해야 한다. 현재 우리의 모습과 욕망하는 이성적 자아의 모습 사이, 그 괴리의 어딘가에 중개자와 중개물이 존재한다.

상대성에 대하여[■]

팔십이 가까워지고 어느 날부터
아침마다 나는 혈압약을 꼬박꼬박 먹게 되었다
어쩐지 민망하고 부끄러웠다

허리를 다쳐서 입원했을 때
발견이 된 고혈압인데
모르고 지냈으면
그럭저럭 세월이 갔을까

> 눈도 한쪽은 백내장이라 수술했고
> 다른 한쪽은
> 치유가 안 된다는 황반 뭐라는 병
> 초점이 맞지 않아서
> 곧잘 비틀거린다

2008년 5월, 83세의 나이로 세상을 뜬 '박경리'의 〈산다는 것〉이라는 제목의 시의 일부 내용이다. 그녀는 살아있는 동안 병이 많았던 듯 하다. 그녀는 이어서 말한다.

> 하지만 억울할 것 하나도 없다

왜 일까? 다음이 그 이유이다.

> 남보다 더 살았으니 당연하지

그녀, 자신의 처지를 상대적으로 평가했다. 그녀가 자신의 병에 대해 억울하게 생각하지 않았던 이유는 '남보다 더 살았기 때문'이었다. 그녀는 '쿨cool'했던 것일까?
아니, 절대 그렇지 않다. 그녀는 단지 자신과 다른 사람을 비교해서 자신의 처지를 헤아렸을 뿐이다. 다른 사람과 자신을 비교하는 것, 이것은 사람의 본능이다. 때문에 우리는 다른 사람들이 과연 얼마의 돈을 가졌는지, 얼마나 잘 먹고 잘 사는 지에 대해 그렇게도 관심이 많다.

대부분 기업의 연봉계약서에는 연봉정보를 누설하면 안 된다는 조항이 있다. 그럼에도 사람들은 동료들이 얼마의 연봉을 받는지에 관심을 갖고 연봉정보를 공유한다. 또한 우리 가족이 그럭저럭 먹고, 또 살고 있다면 그만일 것인데, 그것이 생각처럼 쉽지가 않다. 꼭 다른 가족이 우리 가족보다 못 먹고 못 살고 있다는 것을 확인 해야지만 속이 편하다. 어쩌다가 한번씩 다른 가족이 우리 가족보다 잘 먹고 잘 살고 있다는 것을 확인하는 날에는 속이 뒤집혀 잠을 잘 수가 없다.

다음의 물음에 답해보자.

"당신이 1억 원을 벌고 다른 사람들이 2억 원을 버는 것이 좋은가? 아니면 당신이 5천 만원을 벌고 다른 사람들이 2천 5백 만원을 버는 것이 좋은가?"

당연히 두 번째 경우를 선택할 것이다. 만약 당신이 첫 번째 경우를 선택했다면 당신은 머리가 좀 어떻게 된 사람이다.

첫 번째의 경우 당신이 벌어들이는 돈의 절대 양은 두 번째의 경우에 비해 두 배가 많은 양이다. 하지만 다른 사람들이 당신보다 두 배를 많이 번다. 그래서 내키지 않는다. 절대적으로는 많은 양이라 하더라도 상대적으로는 적은 양이기 때문이다.

반면, 두 번째의 경우 당신이 벌어들이는 돈의 절대 양은 첫 번째의 경우에 비해 절반이 적은 양이다. 하지만 다른 사람들이 당신보다 절반을 적게 번다. 그래서 마음에 든다. 절대적으로는 적은 양이라 하더라도 상대적으로는 많은 양이기 때문이다.

'많다.'와 '적다.'라는 개념은 서로의 비교를 통해서만 존재한다. '많다' 라는 것은 '적다' 라는 것이 있을 때에만 존재할 수 있다. 반대로 '적다' 라는 것은 '많다'라는 것이 있을 때에만 존재한다. 또한, '많다'라는 것은 그보다 '더 많은 것'에 비하면 적고, '적다'라는 것도 '더 적은 것'에 비하면 많다.

이렇게 '부'는 절대적인 것이 아니라 상대적인 것이다. 내 자신의 부는 언제나 다른 사람들을 기준으로 하여 결정된다. 때문에 우리는 그렇게도 다른 사람들이 가진 돈에 관심이 많다.

이것을 증명하는 재미있는 실험이 하나 있다. 1982년 독일의 사회학자 '베르너 귀스 Wermer Guth'가 고안해낸 것인데, '최후통첩게임 Ultimatum Game'이라고 불리는 실험이다. 워낙 유명한 실험이라서 당신이 알고 있을 수도 있겠다.

실험은 간단하다. 내가 당신과 당신이 전혀 모르는 사람(이하 A라고 한다.)을 한 명 불러다 놓고는 서로 마주보게 자리에 앉힌다. 그리고 내가 당신에게 백만원을 건네준다. 이제 당신과 A는 어떤 조건 안에서 자유롭게 이 돈을 나누어 가질 것이다. 조건은 다음과 같다.

1. 당신이 각각 얼마의 돈을 나누어 가질 것인지를 결정하고, 그것을 A에게 제안한다.(협상은 없다. 단지 제안만 할 수 있다.)
2. A가 제안을 받아들인다면 각각의 돈을 나누어 갖는다. 하지만 A가 제안을 거절한다면 100만원은 내가 다시 거두어 간다. 즉, 당신과 A 그 누구도 돈을 갖지 못한다.

만약 당신과 A가 자신이 갖는 돈에만 신경을 쓴다면, 당신은 필시 A가 가질 돈으로 10원을 제안할 것이다. 그리고 A는 이를 받아들일 것이다. 왜냐하면 한 푼도 받지 않는 것 보다야 10원이라도 받는 것이 나을 테니까 말이다.

하지만 그런 일은 거의 일어나지 않는다. 지난 20여 년간 세계 각국에서 수 천명을 상대로 다양한 금액으로 이 실험이 실시 됐었다. 세계 각국의 당신들은 50%의 금액을 제안하는 경우가 가장 많았고, 대부분이 30%이상의 금액을 제안했다. 한편, A들은 30%미만의 금액을 제안 받으면 거절하는 것이 보통이었다. 소수만이 20% 미만의 금액을 받아들였고, 50%미만이면 무조건 거절하는 사람도 있었다.

A들의 입장에서만 보자면 10원이라도 받는 것이 분명 합리적인 선택일 텐데, A들은 그렇게 하지 않았다. 당신들이 A들보다 현저하게 많은 돈을 받는 것이 싫은 것이다.

그렇다. 뭔가 불공평하다고 여기는 것이다. 불공평하다는 감정 앞에서 합리성은 늘 힘을 잃는다. 그래서 "이렇게 불공평할 거면 차라리 안받고 말지!"라는 심정으로 거절을 하는 것이다.

이 실험은 사람이, 자신이 가진 돈 뿐만이 아니라 다른 사람이 가진 돈에까지도 관심을 갖고 있다는 사실을 아주 명확하게 시사해 준다.

'존 스튜어트 밀 John Stuart Mill'은 이렇게 말했다.

"사람은 부자가 되기를 바라지는 않는다. 하지만 남보다 잘살기를 바란다."라고.

일본에 살고 있는 친구 순식이는 일본인 아내와 단 둘이 살고 있다. 작년에 신오오쿠보 지역의 맨션으로 이사를 했다고 해서 칩들이 차 놀러 갔었다.

도착하자마자 순식이가 새로운 보금자리에 대한 자랑을 늘어 놓았다. 순식이가 오도방정을 떨며 내게 물었다. "멋지지? 멋지지?" 마지못해 대답하는 듯 "으응…….”이라고 싱겁게 대답하긴 했지만, 사실 순식이 부부의 멋진 보금자리에 감탄했다. 순식이 부부의 보금자리는 33m²(10평)남짓 되어 보였다. 방 하나에 주방 겸 거실, 그리고 욕실이 딸려 있었다. 살림살이는 더 이상을 뺄 것 없이 간소화 되어 있었다.

한국에서 결혼한 친구들의 보금자리를 여럿 방문해 봤었다. 그들 중 방 하나짜리에 보금자리를 마련한 친구는 아무도 없었다. 혹시나 해서 물었다. "방이 하나라서 불편하진 않아?" 순식이가 답했다.

"전혀 불편하지 않아. 그리고 여기선 대부분이 이렇게 살아."

그랬다. 순식이 부부가 속해있는 공동체의 젊은 부부들 대부분은 방 하나짜리 맨션에서 살아가고 있었다. 하지만 내가 속해있는 공동체의 젊은 부부들 대부분은 방 두 개짜리 아파트에서 살아간다. 그래서 희철이가 얼마 전에 방 두 개짜리 신축 아파트를 샀다.

'마르크스 Karl Heinrich Marx'는 집 크기에 대해서 이렇게 말한다.

"집은 커도 되고 작아도 된다. 주위 집들이 똑 같은 정도로 작다면, 작은 집도 주거에 대한 사회적 요구를 모두 만족시켜준다. 그러나 작은 집 옆에 성이 한 채 세워진다면, 작은 집은 오두막이 된 것처럼 움츠러들 것이다."

어떤 공동체에서는 방 하나짜리 집이 표준인데, 또 어떤 공동체에서는 방 두 개짜리 집이 표준이다. 그리고 각각의 공동체에서는 표준에 맞는 집에 살 때 "남들 사는 만큼 산다." 라고 한다.

그런데 이것을 가만 생각해 보면, 이처럼 안쓰러운 말도 없다. "대부분이 돈에 쪼들리고 있다."는 우리 한국 사회의 공공연한 비밀을 감안한다면, 이 말은 지금 '남들 사는 만큼 사는 우리'가 "남들 돈에 쪼들리는 만큼 돈에 쪼들린다."는 말이 되기 때문이다.

돈은 어떻게 써야 하는가?

내 고등학교 때의 일이다. 당시 아침마다 희철이와 함께 등교를 했다.(그렇다. 희철이는 내 고등학교 동창이다.) 그런데 내가 희철이 보다 걸음이 느려서 자꾸 뒤쳐지기 시작하는 것이다. 그래서 보조를 맞추기 위해 속도를 냈다. 그런데 희철이가 아까보다 더 빠른 속도로 걷기 시작하는 것이 아닌가. 뒤쳐지기 싫어서 더 속도를 냈다. 세상에. 이번에는 희철이가 아까보다 훨씬 더 빠른 속도로 걷기 시작한다.

이런 식의 일이 몇 번 반복됐다. 그러다 보니 결국 우리는 뛰는 것과 별반 다르지 않은 엄청난 속도로 걷게 되었다. 그때 희철이가 말했다. "야! 천천히 좀 걸어! 이제는 숨까지 찬다!"

이야기를 들어보니 희철이도 내 걸음에 보조를 맞추기 위해 속도를 계속해서 냈단다. 그랬다. 우리 둘 다 빨리 걸을 생각은 추호도 없었다. 그저 서로에게 맞췄을 뿐이다. 무슨 개그프로그램의 소재로나 쓰일 법한 일이 당시 우리에게 벌어졌었던 것이다.

이런 식의 일이 지금 우리주위에서 엄청난 규모로 벌어지고 있다. '남들 하는 만큼'이라는 미명아래 계속해서 서로에게 맞춘다. 그리고 이 과정에서, 필요한 것이 아닌 원하는 것에 돈을 써대며 서로에게 계속해서 영향력을 행사해 각종 인센티브들을 창출해 낸다. 그 결과 소비 표준은 계속해서 높아진다. 그런데 우리는 여기서 한가지 중요한 것을 놓치고 있다. 그 중요한 것은 다음과 같은 물음으로 표현된다.

"남들은 과연 이렇게 돈을 써대는 것이 아무렇지 않을까?"

절대 아무렇지 않을 리가 없다. 지금 우리네들이 소비 표준이라 믿고 있는 것들의 대부분은 이미 오래 전 우리가 감내할 수 있는 수준을 지나쳤다.

굳이 남들의 통장 잔고를 일일이 확인해 볼 필요까지도 없다. 지금의 엄청난 규모의 가계 대출이 그것을 확실하게 증거한다.

다른 사람들에게 '부'라는 의미를 전할 수 있는 비싼 물건들을 사 모으는 지금 우리들의 모습을 보자. 어쩌면 우리는 '돈 많고, 잘 나가는 척 하기 게임'에 열중해 있는 중인지도 모른다.

그렇게 해서 우리가 만족할 수 있다면, 행복할 수 있다면 얼마나 좋을까? 나는 만약 더 비싼 자동차, 더 큰 집들이 우리에게 행복을 가져다 준다면 우리가 반드시 그것들에 돈을 써야 한다고 생각한다.

하지만 애석하게도 행복은 그런 것 들을 통해서 얻어지는 것이 아니다. 지금 돈은 행복으로의 길이 아닌 다른 엉뚱한 길에 뿌려지고 있다.

나는 우리가 '어디에 어떻게 돈을 써야 행복해질 수 있을까?'에 대한 고민을 진지하게 좀 해보아야 한다고 생각한다.

〈승자독식사회 The Winner Take All Society〉의 저자 중 한 사람으로 잘 알려진 미국의 경제학자 '로버트 H. 프랭크Robert H. Frank'는, '과연 어디에 돈을 써야 우리가 행복해질 수 있는지'에 대한, 중요한 단서를 얻을 만한 사고실험을 하나 고안해 냈다. 그의 사고실험을 조금 각색해서 소개 한다.

당신은 A사회와 B사회 중 한 사회를 선택해서 살아갈 수 있다. 두 사회는 서로 철저하게 단절 되어 있어서 서로의 존재를 알지 못한다. 평행우주를 떠올리면 편할 것 같다. 어떤 사회를 선택할지 다음에 제시되는 3가지의 경우를 답하면 된다.

1.
A사회: 모든 사회구성원들이 330m2(100평) 크기의 집에 살고 있고, 일(직업)을 통해 느끼는 성취감이 크다.
B사회: 모든 사회구성원들이 661m2(200평) 크기의 집에 살고 있고, 일(직업)을 통해 느끼는 성취감이 작다.

2.
A사회: 모든 사회구성원들이 마티즈를 타고 있고, 가족(혹은 친구들)과 보낼 수 있는 시간이 한 달에 7일이다.
B사회: 모든 사회구성원들이 아우디 A6을 타고 있고, 가족(혹은 친구들)과 보낼 수 있는 시간이 한 달에 하루 반나절뿐이다.

3.

A사회: 모든 사회구성원들이 브랜드 없는 의류들을 입고, 휴가기간이 1년에 4주일이다.

B사회: 모든 사회구성원들이 루이비통등의 소위 말하는 유명 브랜드 의류들을 입고, 휴가 기간이 1년에 일주일이다.

이 사고실험에서의 선택은 다른 사람들에게 부를 과시할 수 있는 '유형의 물질적 재화'와 그렇지 않은 '무형의 어떤 재화'(딱히 부를 말이 없으니 그냥 이렇게 부르도록 하겠다.) 사이에서의 선택이다. 그런데 당신이 가족(혹은 친구들)과 시간을 보내는 것을 싫어하는 어떤 사정이 있는 사람이거나, 휴가를 싫어하는 워크홀릭workholic일 수도 있다. 다시 말해 내가 제시한 '무형의 어떤 재화'가 당신에게 매력적으로 느껴지지 않을 수도 있다. 만약 그렇다면 그것들을 당신에게 매력적으로 느껴지는 다른 것들로 변경해서 생각하면 된다.

자. 이제 답해보자.

"당신은 A사회와 B사회 중 어느 사회에서 살아가고 싶은가?"

분명 3가지의 경우 모두에서 A사회에서 살아가는 것을 선택했을 것이다. 그럴 수 밖에 없다. 모든 사회 구성원들이 '유형의 물질적 재화'를 공평하게 나눠가졌기 때문에 상대적 평가로 부를 과시할 수가 없어서 그것들의 효용이 전혀 발생하지 않는 것이다.

여기서 주목해야 할 것은 '무형의 어떤 재화'이다. '무형의 어떤 재화'역시 모든 사회구성원들이 공평하게 나눠가졌다. 그럼에도 불구하고 그것들은 효용이 확실하게 발생한다.

이 사고실험의 결과에 따르자면 분명, 지금처럼 서로 계속적으로 인센티브를 창출하며 '유형의 물질적 재화'에 돈을 쓰는 것보다는 '무형의 어떤 재화'에 돈을 쓰는 것이 훨씬 더 생산적인 소비행위이다.

그렇다. 지금 우리는 돈을 잘못 쓰고 있다.

역시 정치이야기가 필요하다

가족 혹은 친구들과의 시간, 휴가 따위의 '무형의 어떤 재화'는 분명 다른 사람들과 공평하게 나누어 가진다 하더라도 그 효용이 확실하게 발생한다. 이것들이 바로 우리 삶의 본질에 가까운 것들이기 때문이다.

이상하게 들릴 수도 있겠지만 "우리는 가족 혹은 친구들과의 시간을 보내기 위해, 그리고 휴가를 위해 일을 하고 또 돈을 번다." 아이러니 하게도 서로 모순되는 것들끼리 서로를 위하고 있는 것이다.

그래서 균형이 중요하다. 이 균형이 무너진 상태중의 하나가 바로 '워킹 패러독스'의 상태이다. '워킹 패러독스'는 무게 중심이 일로 너무 옮겨간 경우이다.

우리는 보통 어느 하나를 선택하면 어느 하나를 포기해야만 하는 '맞교환의 상태'에서 의사결정을 내리는 경우가 많다. 특히 평범한 우리네 들에게 '유형의 물질적 재화'와 '무형의 어떤 재화'는 늘 '맞교환의 상태'로 다가온다.

실질 소득이 잘 증가하지 않아서 그렇다. 소득의 총액이 고정되어 있다시피 하니까 한쪽에 쓰이는 돈을 늘리려면 다른 한쪽에 쓰이던 돈을 줄여야만 하는 것이다. 앞서 사고실험의 결과에 따르자면, 우리는 기존 '유형의 물질적 재화'에 쓰이던 많은 양의 돈, 그 중의 적당 양의 돈을 '무형의 어떤 재화'로 돌린다면 틀림없이 지금보다 더 만족스럽고 행복한 삶을 살아갈 수 있을 것이다. 우리는 어째서 이런 간단한 사실을 지금까지 모르고 살아왔을까?

게다가 상대적 평가에 집착하는 우리네들은 다른 사람들이 '유형의 물질적 재화'에 쓰는 돈의 양을 줄인다면, 우리 역시 얼마든지 그것들에 쓰는 돈의 양을 줄일 용의가 되어 있다. 자동차를 예로 들자면, 다른 사람들이 지금 끌고 다니는 자동차를 에쿠스에서 마티즈로, 그랜저에서 티코로 바꾸는 식으로 줄인다면, 우리 역시 지금의 자동차를 마티즈따위로 줄여도 상관이 없다는 말이다.

그러니까, 이제 내가 셋을 세면 모두 그렇게 하도록 하자.

이제 '유형의 물질적 재화'에 쓰이는 돈의 양을 줄이는 것이다. 그렇게 해서 아낀 돈을 우리의 행복을 위해 '무형의 어떤 재화'에 쓰자. 자! 시작한다!

"하나! 둘! 셋!"

아. 이런 기적 같은 일이 벌어진다면 얼마나 좋을까? 우리 모두가 '유형의 물질적 재화'가 아닌 '무형의 어떤 재화'에 더 많은 돈을 써 일(직업)의 만족도가 높아지고, 가족이나 친구들과 더 오랜 시간을 보낼 수 있다면 말이다. 하지만 애석하게도 그런 일은 벌어지지 않는다.

앞서 효정이의 경우에서 살펴봤듯이 개인은 자신이 돈을 어떻게 쓸 지만을 선택할 수 있을 뿐, 다른 사람들이 어떻게 쓸 지를 선택할 수는 없기 때문이다. 내가 "하나! 둘! 셋!"을 외친다고 해서 사람들이 내 말을 들을 리가 없다.

그럼 나 혼자서 '무형의 어떤 재화'에 많은 돈을 쓰면 되지 않겠느냐고? 나도 그랬으면 좋겠다. 하지만 그것이 말처럼 쉽지가 않다. 다른 사람들이 창출해 내는 인센티브 때문에 그렇다.

나는 다른 사람들이 창출한 인센티브에 웬만해서는 반응을 하지 않는다. 자동차에는 관심이 없어서 아직까지 운전면허가 없을뿐더러(혹시 그거 아는가? 자동차에 관심이 없는 사람은 자동차의 디자인을 잘 구분해 내지 못한다. 그저 다 똑같아 보인다. 나는 자동차를 이야기할 때 에쿠스, 그랜저 따위로 부르지 않고 하얀색 차, 검은색 차 라고 부른다.) 아버지가 맞춤 양복점을 수십 년째 운영하고 계시기 때문에 일찍이부터 유행을 타지 않는 두 세벌의 양복을 오래도록 관리해가며 입는 방법을 배웠다.(나는 '클래식'이라고 주장해가며 그저 내 멋에 옷을 입는다.) 게다가 아직 총각인지라 집도 없다.(현재 아버지 집에 얹혀 살고 있다.) 하지만 나는 곧 결혼을 할 것이다. 아이들도 생기게 될 것이다. 그리고 다른 사람들이 창출해 내는 인센티브에 민감하게 반응하기 시작할 것이다.

아이들 때문이다. 나는 앞으로 내 아이들, 정확히 말해서 내 아이들의 교육 때문에 다른 사람들이 창출해 내는 인센티브에 민감하게 반응할 것이다.

작년, '한국교육개발원'의 발표에 따르자면 지난 20년간 (1990년에서부터 2010년까지) 일반 가정의 명목 사교육비 지출액은 1990년 1만7652원 에서 2010년 18만7396원으로 약 11배 가량 늘어났다. 연평균 12.5%씩 상승한

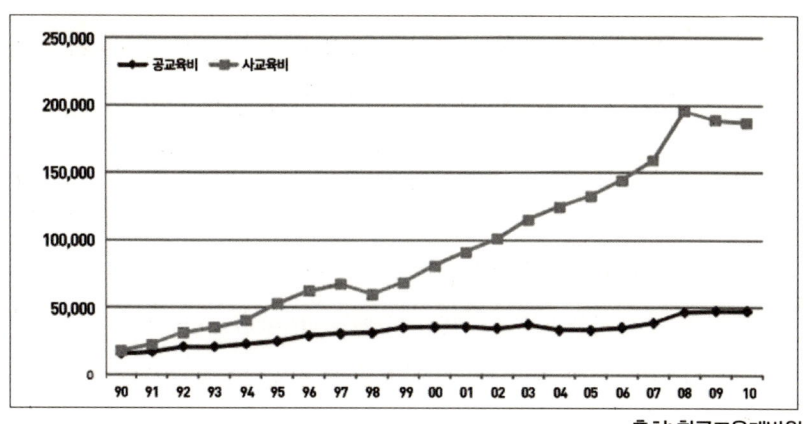

출처: 한국교육개발원

것이다. 반면, 같은 기간 명목 정규교육비 지출액은 1990년 1만5307원에서 2010년 4만7645원으로 약 3배 가량 밖에 늘지 않았다.(연평균 약 5.8%씩 상승.)

수 많은 부모들이 사교육 시장에 아이들을 내 놓으며 인센티브들을 창출해 낸다. 덕분에 사교육 시장이 날로 그 덩치를 키워 나가고 있다. 나는 이 인센티브들에 반응하지 않을 자신이 없다.

앞집 아이들이 학원에 나가 성적을 향상시킨다면, 그 아이들이 좋은 대학에 갈 수 있는 확률은 높아질 것이다. 하지만 그만큼 내 아이들이 좋은 대학에 갈 수 있는 확률은 낮아진다. 나는 이것을 홈런 맞은 투수처럼 가만히 넋을 놓고 바라만볼 수는 없다. 나도 내 아이들을 학원에 보낼 것이다.

아마 당신이 평범한 부모라면 당신도 나와 마찬가지로 반응할 것이다. 대부분의 평범한 가계에서 아이들의 교육은, 가계내의 그 어떤 계획보다도 우선한다.

한국의 많은 부모들이 '자신들의 노후생활'과 '아이들의 교육'이라는 두 가지의 선택지를 두고 '맞교환의 상태'에 직면하게 된다. 그리고 언제나 '자신들의 노후생활'을 '아이들의 교육'을 위해 기꺼이 희생한다. 나는 아이들의 교육에 무책임한 부모를 단 한번도 본 적이 없다. 있으면 있는 대로 없으면 없는 대로 모든 부모들이 아이들의 교육을 위해 최선을 다한다.

사실 우리가 돈에 쪼들리는 가장 큰 이유는 아이들의 교육 때문이다. 우리가 자동차와 시계, 그리고 가방 따위에 돈을 써 봤자 얼마나 쓰겠는가?

부모들은 아이들의 교육을 위해 가계소득의 대부분을 소진시킨다. 나는 아이들의 교육을 위한 돈에 사교육비만이 해당된다고 말하고 싶지 않다. 직접적인 의미에서의 사교육비만이 아닌, 간접적인 의미에서의 주택 구입 비용까지도 포함이 된다. 그렇다. 학군을 말하려는 것이다. 자신의 아이들을 다른 아이들에 비해 상대적으로 좋은 학교에 보내기 위한 이사. 이것은 이미 부동산 시장에서 '학군수요'라는 이름으로 불리고 있다. '맹자孟子'의 어머니가 아이들의 교육을 위해 이사를 세 번이나 했단다. 그래서 맹모삼천지교孟母三遷之敎란다. 맹자의 어머니가 유별난 것일까? 절대 그렇지 않다. 우리는 이보다 더했으면 더 했지, 결코 덜 하지는 않을 것이다.

나는 아이들에게 되도록 질 좋은 교육의 기회를 부여하고 싶다. 모든 부모들이 이런 생각을 한다. 그래서 질 좋은 학교와 그곳의 집값은 늘 양(+)의 상관관계를 보인다. 이를 증명하기 위해 이런 저런 통계자료들을 들먹일 필요까지도 없다. 이는 여지없는 사실이니까 말이다.

보통의 부모들이 아이들의 교육을 위해 자신들의 노후자금에 쓰일 돈들을 태워가며 사교육시장에 계속해서 배팅을 한다. 그 과정에서 인센티브들이 발생해 사교육시장에 거품이 생긴다. 그리고 마찬가지로 좋은 학군의 집을 얻기 위하여 계속해서 특정 지역의 부동산(집)에 계속해서 배팅을 한다. 이 과정에서 역시 인센티브들이 발생해 부동산시장에 거품이 생긴다.

미국 하버드대학의 법대교수로 재직중인 '엘리자베스 워런 Elizabeth Warren'과 그의 딸 '아멜리아 워런 티아기 Amelia Warren Tyagi'는 2003년, 〈맞벌이의 함정 The Two-Income Trap〉이라는 책을 통해서 미국의 평범한 맞벌이 부모들이 저축하지 않는 가장 큰 이유가 바로 무리한 '모기지 대출 mortgage loan' 때문이라고 지적한 바 있다.

그녀들은 책을 통해서 말한다. 미국의 수백만 여성들이 일터에 나가 일을 하는데도 저축이 감소하게 되는 이유는 부부가 놀기 위해, 또는 자녀의 장난감을 사기 위해 그들의 봉급을 다 써버렸기 때문이 아니라고, 단지 '가장 중요한 것'을 놓고 서로 격렬히 다투는 '입찰전쟁'에 휩쓸려 들었기 때문이라고 말이다.

이들이 말하는 가장 중요한 것이란 무엇일까? 바로 좋은 학군 내의 집이다. 동·서양을 막론하고 어디에서나 자녀의 교육은 '가장 중요한 것'인가 보다. 이들은 미국 내 학교 체제에 대한 신뢰가 무너짐으로 인해 좋은 학군에 위치한 집에 대한 입찰전쟁이 격화 되었다고 말한다. 부모들이 자신의 아이들을 좋은 유치원, 그리고 좋은 대학에 보내기 위해서 좋은 학군에 위치한 집에 대한 입찰 전쟁에 나선 것이다.

물론, 그 과정에서 인센티브들이 창출 되었고, 좋은 학군에 위치한 집들은 그 가격이 점점 높아져 갔다. 게다가 안성 맞춤으로 맞벌이를 통해 엄마들의 소득이 적시에 생겨나 입찰전쟁에 경합을 벌일 추가적 실탄(돈)까지 공급 됐다. 그렇게 좋은 학군에 위치한 집들의 가격은 더욱더 높아져 갔다.

그녀들은 말한다. "결국 서로가 서로를 희생자로 만들었다."고.

참으로 놀랍지 않은가? 미국에서 벌어지는 일들이 어쩜 이리도 한국의 일들과 똑같을 수 있는지 말이다.

인센티브의 성격 때문이다. 아이들 교육과 관련된 인센티브들은 아주 얄궂은 성격을 갖고 있다. 혼자 인센티브에 반응하지 않고 가만히 있으면 손해를 본다.

만약 당신의 아이들을 제외한 다른 모든 아이들이 좋은 학원에 다니고 또 좋은 고등학교에 다닌다면 당신의 아이들은 좋은 대학에 갈 확률과 좋은 직장을 얻을 확률이 줄어들게 된다. 즉, 당신의 아이들은 손해를 보게 된다. 물론, 당신은 당신의 '가장 중요한 것'이 손해를 입는 모습을 그냥 두고만 볼 수 없다. 그래서 당신 역시 좋은 학원, 좋은 고등학교를 위해 돈을 뿌린다. 그리고 이 과정에서 모든 부모들이 희생자가 된다.

노후자금을 희생한 것은 물론이거니와 결국 당신이 창출해낸 인센티브에 반응한 다른 집의 아이들도 당신 아이들만큼의 교육을 받기 때문이다.(그렇다면 과연 이득은 누가 보는가? 바로 사교육 업자들과 부동산 업자들이다. 이들은 부모들이 뿌린 돈을 갈고리로 긁어간다.)

마치 공연장에서 모두 일어서서 공연을 관람하는 것과 같은 상황이 벌어지는 것이다. 모두 앉아서 공연을 보던 중에 앞의 몇몇 사람들이 다른 사람들보다 더 좋은 시야를 확보하겠다고 일어나면, 그 뒤의 사람들은 줄줄이 일어날 수 밖에 없다. 인센티브가 발생한 것이다. 그런데 여기서 자신은 인센티브에 반응하지 않겠다고 고집을 부리며 가만히 앉아 있게 되면, 앞사람에게 시야가 가려 혼자만 공연을 보지 못하게 된다. 손해를 입게 되는 것이다.

일어날 수 밖에 없다. 이렇게 모든 사람들이 일어서서 공연을 관람하게 되면 결국에 가서 더 좋은 시야라는 것은 사라지게 된다. 그래도 이제는 자리에 앉을 수가 없다. 다리가 아파도 말이다. 앉으면 공연이 보이지가 않으니까. 결국 모두가 손해를 보게 된다.

보통 이런 것을 두고 공유지의 비극 tragedy of the commons 이라고 한다. 모두가 공유하는 목초지에서 사람들이 소를 키우고 있다고 생각해 보자. 사람들은 필시 지금보다 더 많은 소를 키우려고 할 것이다. 그것이 자신 개인의 이익을 위해서는 합리적이니까 말이다. 그런데 사람들이 각자 자신만을 생각해 소를 계속해서 더 키우게 되면 곧 목초지에는 풀이 남아나질 않게 된다. 결국 모두가 손해를 보게 되는 것이다.

누군가가 공연장에서 사람들을 자리에 앉혀야 한다. 그래야지만 모두 손해를 보지 않는다. 누군가가 사람들이 소를 무차별하게 늘리지 않도록 제재를 가해야 한다. 그래야지만 공유지의 풀들을 보호할 수 있다. 그리고 이것들은 개인이 혼자서 할 수 있는 성질의 것이 아니다.

강남의 학군수요를 나 혼자서 막아 낼 수 있을까? 어학연수 행렬을 나 혼자서 저지할 수 있을까?

정부가 나서야만 한다. 우리의 노후 생활자금을 아이들의 교육에 몽땅 쏟아 붓지 않도록, 결국에 가서는 모두가 손해를 보지 않도록 말이다. 그래서 우리가 정치에 관심을 가져야 한다. 그래서, 좀더 긍정적인 방향으로의 정책을 이끌어 내야만 한다.

책의 후반부에서부터 나는, 앞으로 우리가 어떻게 해야 하는지에 대한 대안들을 제시할 것이다. 하지만 내가 이 책에서 제시할 수 있는 것들은 개인적인 차원에서의 대안일 뿐이다. 이것은 우리들 돈에 대한 문제의 부분적인 해결책 밖에 되지 못한다. 이것과 함께 반드시 정책적으로 많은 것들이 바뀌어야만 한다. 역시, 정치이야기가 필요하다.

가치란 상대적이고
개인적인 것

책의 앞부분에서 말했듯이 내 어머니는 저장강박증을 앓고 있다. 그런데 삼 년 전부터 이것이 조금 이상한 형태로 발전했다. 동네에 나뒹구는 온갖 쓰레기들을 주워다가는 집에다 쟁여두기 시작한 것이다. 남이 쓰다 버린 스탠드와 탁자, 그리고 먹다 버린 맥주 캔까지 정말 온갖 것들을 주워다가 쟁여 놓기 시작했다. 가끔씩은 '이렇게 큰걸 대체 어떻게 들고 왔지?'라는 생각이 드는 어마어마한 물건까지도 주워올 때가 있다.

하루는 그 쓰레기들이 뿜어내는 역겨운 냄새를 도저히 참지 못한 아버지가 막내 동생과 함께 그것들을 모두 고물상에 내다 팔았다. 물론 그렇게 해서 생긴 돈은 막내에게 용돈으로 주었다. 그리고 그날 어머니는 깨달았다. 우리가 쓰레기라 부르는 몇 가지의 물건들은 고물상에 내다팔면 돈이 생긴다는 것을 말이다.

그래서 지금 어머니는 길거리에서 고물들을 주워다가 고물상에 내다 파는 일을 하고 있다.

하지 말라고 말려도 막무가내이다. 어머니는 그 일이 즐겁단다. 이런 저런 물건들을 사들이기 좋아했으니 어쩌면 넝마주이가 '딱' 인지도 모른다. 직업에 귀천이 없다 믿는 나로서는 어머니가 무슨 일을 하든지 상관없다. 그것이 즐거우면 된 것이다.

하지만 문제는 우리 가족이 아파트에 살고 있다는데 있다. 집에 마당이 없으니 어머니는 주워온 고물들을 모두 거실과 욕실, 그리고 주방에 쟁여둔다. 지금 우리 집에는 고물들에 딸려 들어온 각종 벌레들이 들끓는다.

바퀴벌레는 기본이요 여름이면 귀뚜라미가 욕실에서 울어댄다. 주방은 사용할 수도 없다. 지금, 어머니를 제외한 모든 가족이 식사를 밖에서 해결하고 있다. 덕분에 내 소원은 '밥통을 열면 벌레가 아닌 밥이 있는 집에서 사는 것'이다.

이건 정말이지 집에서 쉬는 게 쉬는 것이 아니다. 벌레들을 떠나서 악취를 견딜 수가 없다. 솔직히 말하자면 지금 당장에라도 집을 뛰쳐나가고 싶다.

우리 가족은 구로동의 삼성래미안 아파트에 산다. 100.42m²(30.4평)의 크기이고 현재 4억 5천 만원쯤에 매매 시세가 형성되어 있다.

나는 지금 4억 5천만 원짜리 집에서 과연 얼마의 가치를 느껴가며 살아가고 있을까? 다시 말해서 내가 지금 집에서 느끼는 이 괴로운 기분을 돈으로 환산하자면 과연 얼마의 값으로 환산할 수 있을까?

아마 당신은 나와 같은 특수한 형태의 괴로움을 느껴 본적이 없을 것이다. 하지만 내가 느끼는 기분이 매매 시세인 4억 5천만 원에 현저하게 미치지 못할 것이라는 것쯤은 쉽게 짐작할 수 있을 것이다. 물론, 기분을 돈으로 정확하게 환산한다는 것은 불가능한 일이다. 그럼에도 돈으로 한번 환산해 보자면 나는 감히 마이너스(-) 1억 원이라고 말하고 싶다.

보통, 가치를 두 가지의 개념으로 구분한다. 첫째가 교환가치 value in exchange,

그리고 둘째가 사용가치value in use이다. 지금 부동산 시장에 형성되어 있는 4억 5천만이라는 우리 집의 매매 시세가 바로 교환가치를 돈으로 환산한 것이다. 그리고 내가 지금 느끼고 있는 마이너스 1억 원의 고통이 바로 사용가치를 돈으로 환산한 것이다.

교환가치는 양적인 개념이고, 사용가치는 질적인 개념이다. 그리고 사람들은 양적인 개념에 익숙하다. 그래서 집을 이야기할 때 교환가치에 대한 이야기들을 주로 한다. "누가 얼마만한 크기의 얼마만한 가격의 집에 살고 있네," 따위의 이야기들이 바로 교환가치에 대한 이야기들이다.

교환가치는 양적인 개념이기 때문에 쉽게 측정과 확인이 가능하다. 누구든지 우리 집의 시세를 쉽게 확인할 수 있다.

교환가치만을 놓고 따지자면 우리 집은 아주 그럴듯하다. 삼성 래미안이라는 브랜드의 허상 덕에 주변의 다른 아파트들에 비해 상대적으로 높은 가격에 시세가 형성되어 있기 때문이다. 앞서 4장에서, 물건을 통해서 자신의 이야기를 다른 사람들에게 할 때에는 보편적 의미를 지니고 있는 물건으로 해야 한다고 이야기 했었다. 이에 입각하자면 지금 우리 집은 동네 사람들에게 우리 가족이 '돈 많고 잘 나가는 가족'으로 보여지기에 꽤 쓸만한 물건이다.

작년에 집안 꼴을 참다 못한 아버지가 집을 팔고 지금보다 더 작은 규모의 집으로 이사를 가겠다고 선언을 했다. 나와 동생들은 아버지의 선언에 적극 환영의 의사를 표했다. 아예 어머니가 고물들을 쟁여놓을 수 없을 정도로 작은 집으로 이사를 가게 되면 벌레와 악취 때문에 더는 고생하지 않아도 되니까 말이다. 그리고 그렇게만 된다면 집에서 밥을 먹을 수도 있다.

"만세!"

사실 원룸으로 가도 상관없다. 어딜 가던 지금보다는 나을 것이다. 그런데 역시나 어머니가 반대를 했다. 이유가 무엇이었을까? 작은집으로 이사를 가면 고물들을 더는 쟁여놓을 수 없으니까?

아니었다. 다른 이유에서였다. 어머니는 '삼성 래미안'이라는 브랜드를 포기할 수 없었다. 알고 봤더니 어머니는 동네 고물상에서 '삼성 래미안 사모님'으로 통하고 있었다. 어머니는 집을 통해서 자신이 실은 '돈 많고 잘나가는 사람'이라고 다른 사람들에게 이야기를 하고 다녔던 것이다.

덕분에 아직까지도 우리가족은 삼성 래미안에 살고 있다.

이제 우리 집의 사용가치에 대해서 이야기해 보자.

두말할 것도 없이 우리 집의 사용가치는 아주 형편없다. 하지만 사용가치는 질적인 개념이기 때문에 쉽게 측정과 확인을 할 수 없다. 그래서 동네 사람들은 내가 집에서 편히 쉴 수 있다고 생각한다.

동네 사람들은 집의 바깥에서 양적인 접근 방식을 취한다. 자세히 들여다보지 못하는 것이다. 내게 집에서 밥은 먹을 수 있느냐, 잠은 편히 잘 수 있느냐에 대해 묻지 않는다. 그저 바깥에서 집의 크기와 가격만을 본다.

하지만 나는 집의 안에서 질적인 접근방식을 취한다. 나 스스로에게 집에서 밥은 먹을 수 있느냐, 잠은 편히 잘 수 있느냐에 대해 끊임없이 묻는다. 동네 사람들이 내게 묻는다. "삼성 래미안에 살아서 좋겠네요?" 라고 말이다. 물론 나는 거짓으로 대답한다. "네, 좋아요."라고.(지금 이 책을 통해서 고백한다. 나는 삼성 래미안에 살고 있지만 사실 하나도 좋지가 않다. 오히려 괴롭다.)

한국의 올해 GDP가 5% 증가한다고 생각해보자. "5% 증가." 이것은 양적인 개념이다. 그렇다면 이제 한국의 GDP가 5% 증가한다는 것이, 과연 한국에 있어서 좋은 일인지, 나쁜 일인지에 대해서 이야기 해보자. 혹시 대답할 수 있겠는가?

대답할 수 있을 리가 없다. 그 누구도 이것만을 두고 한국에 있어서 좋은 일이다. 나쁜 일이다. 하며 왈가왈부日可日좀할 수 없다. 5% 증가가 어떤 식으로 이루어졌는지 그 내용을 전혀 알 수가 없기 때문이다.

결국 '좋다.' '나쁘다.'를 따지기 위해서는 질적인 개념이 동원되어야만 한다. 원래 '좋다.' '나쁘다.' 라는 것 자체가 질적인 개념이다.

만약 대규모의 무역수지 흑자에 의해 GDP가 증가한 것이라면 그것은 좋은 일일 것이다. 하지만 엄청난 재난에 의한 사고 수습비용으로 GDP가 증가한 것이라면 그것은 나쁜 일일 것이다.

이번에는 작년에 당신이 복권에 당첨이 되어서 10억 원을 수령했다고 생각해 보자. 이것은 과연 당신에게 좋은 일인가? 나쁜 일인가? 분명 이 역시 왈가왈부할 수 없다. 당신의 복권당첨금 10억 원 때문에 가족끼리 싸움이나 가족이 해체가 됐다면 그것은 나쁜 일일 것이다. 하지만 그 10억 원 때문에 가족끼리 더 돈독해 졌다면 그것은 좋은 일일 것이다.

분명, 우리 삶에 있어서 만족이나 행복은 양적인 개념이 아닌 질적인 개념이다. 하지만 우리는 자신과 타인의 삶을 평가하는데 있어서 극단적일 절도로 양적인 개념에 의존한다. 우리는 우리 삶의 아주 복잡한 요소들을 너무 쉽게 "우리에게 많은 돈이 있는가?"라는 간단한 질문으로 요약해버리곤 한다. 그리고는 "많다." 라는 것을 "좋다." 라는 것과 같은 의미로 해석하는 오류를 범한다. "많다." 라는 것은 절대 "좋다." 라는 것과 같은 의미로 해석될 수 없다.

보통 우리는 시장에서 돈으로 환산된 교환가치를 "가격" 이라고 부른다. 그리고 돈으로의 환산이용이치 않은 사용가치를 그저 "가치"라고 부른다.

가격은 어느 정도 보편적일 수 있다. 하지만 가치는 절대 보편적일 수 없다.

배우 한가인이 현재 미혼이라고 가정해보자. 분명 한가인의 시장 가격은 내 애인의 시장가격에 비해 월등하게 높을 것이다.(이런 시장가치를 측정하는 것을 업으로 하는 이들이 바로 결혼정보업체 사람들이다.) 그래서 사람들은 내가 한가인과 결혼한다고 하면 아주 부러워할 것이다. 하지만 내가 애인과 결혼한다고 하면 부러워하지 않을 것이다.

자. 이제 한가인과 애인이 동시에 바다에 빠졌다고 생각해 보자. 그리고 나는 둘 중의 한 사람만을 구할 수 밖에 없는 상황에 놓였다. 과연 나는 누구를 구할까?

당연히 애인이다. 이것이 바로 가치의 힘이다. 가치가 가격에 우선한다. 언제나 그렇다. 두말할 것도 없이 내게는 한가인보다 애인이 더 큰 가치로 다가온다. 사람들이 시장 가격을 가지고 내게 한가인을 구해야 한다고 제아무리 이야기를 해 보아도, 나는 애인을 구한다.

지금, 한가인을 당신이 좋아하는 배우로, 내 애인을 당신의 아내(남편), 혹은 당신의 애인으로 바꿔서 생각해 봐라. 당신 역시 나와 같은 선택을 할 것이다.

가격은
허망한 것▪

다이렉트 마케팅의 창시자인 '레스터 원더맨Lester Wunderman'은 자신의 책 〈파는 광고로 가는 도전Making Advertising Pay〉에서 다음과 같은 자신의 경험담을 소개한다.

고교 시절에 처음으로 한 아르바이트는 치킨 배달이었다. 그 부근에는 두 종류의 건물이 있었다. 엘리베이터가 없는 5층 건물과 엘리베이터가 있는 고층 빌딩이었다. 엘리베이터가 없는 건물은 높은 층일수록 집세가 싸고, 엘리베이터가 있는 건물은 그와 반대였다. 치킨을 배달했을 때 누가 팁을 더 두둑하게 줄 것인지 나 나름대로 잘 알고 있다고 생각했다. 그러나 내 생각은 완전히 빗나갔다. 엘리베이터가 있는 건물에 사는 고객은 기껏해야 팁을 2센트밖에 주지 않았지만, 엘리베이터가 없는 건물의 최상층에 사는 슈워츠 부인은 팁을 7센트나 주었다. 내가 깜짝 놀라며 이유를 묻자, 그녀는 입가에 환한 미소를 띠우면서 이렇게 말했다. "레스터, 당신이 앞으로도 계속 필요하니까요." 서비스에 대해 청구하는 요금은 서비스에 든 비용이나 고객의 지불 능력에 따라 결정해서는 안 된다. 서비스의 가격은 이용하는 사람들이나 기업에서 얼마만큼의 '가치'가 있는가에 따라 설정해야 한다.

위의 이야기는 1930년대의 이야기이다. 그로부터 반세기가 훨씬 넘게 지난 지금까지도 사람들은 가치를 생각하는 것에 대해 익숙하지 않다. 아직도 많은 사람들이 가격이 '원가+이윤'으로 이뤄졌다고 생각을 한다. 그래서 백화점에서 15만원 대에 판매되고 있는, 에스티로더의 '갈색병 에센스(나이트 리페어 리커버리 콤플렉스)' 50ml짜리의 통관금액이 실은 6,300원에 불과하다는 사실을 알게 되면 경악을 금치 못한다. 원가 대비 24배에 달하는 가격이 부당하다고 생각하는 것이다.

과연 이것이 부당한 가격일까? 나는 절대 그렇지 않다고 생각한다. 에스티로더가 한국의 화장품 업계를 독과점 하고 있지 않는 이상 이것은 절대 부당한 가격이 될 수 없다. 만약 15만원 대의 가격을 부당하다고 생각한다면 다른 회사의 좀더 저렴한 제품을 사면 그만이지 않을까? 한국에는 에스티로더 말고도 엄청나게 많은 수의 화장품 회사들이 영업을 벌이고 있으니 말이다. 대체 사람들은 왜, 에스티로더의 갈색 병 에센스의 가격을 부당하다고 (혹은 비싸다고) 생각하면서도 그것을 계속해서 사는 것일까?

그것에서 '가치'를 느끼기 때문이다. '세스 고딘 Seth Godin'은 자신의 책 〈마케터는 새빨간 거짓말쟁이 All Marketers Are Liars〉에서 화장품의 가격에 대해 다음과 같이 말한다.

키엘이 과연 그렇게 비싼 돈을 주고 살 만한 화장품일까? 글쎄, '원가' 대비 가격으로만 따진다면, 대답은 "그렇지 않다."이다. 하지만 키엘의 고객들이 이 화장품의 '가치' 즉, 구매하면서 경험하는 것들과 사용하면서 갖는 느낌을 기준으로 매긴다면, "그렇다."라고 대답할 수 있다.

'가격'은 '원가'와 '이윤' 보다는 "가치"와 그 연관성이 더 높다. 요즘 가격을 책정하는 사업자들은 보통 '이 정도의 물건이나 서비스라면 사람들이 이 정도의 가치를 느끼지 않을까?' 라는 물음으로 가격을 책정한다. 만약 어떤 사업자가 "물건과 서비스가 이 정도의 원가에 생산되었으니, 이 정도의 이윤을 더하면 어떨까?" 라는 물음으로 가격을 책정한다면, 이 사업자는 지금 아주 구식의 방식으로 가격을 책정하고 있는 것이다.

어제 아버지가 작업실에 1.5L짜리 물을 한 병 사왔다. 아버지는 이 물을 동네 슈퍼마켓에서 1,000원을 주고 샀단다. 그런데 나는 수돗물을 마신다. 그래서 이 물을 당신에게 팔려고 한다. 1,000원에? 아니, 2만 4,000원에. 그렇다. 나는 당신에게 이것을 팔아서 원가 대비 24배에 달하는 이윤을 남기려 한다.

"당신. 이 물을 사겠는가?"

필시 당신은 사지 않을 것이다. 어째서 사지 않을까? 물의 원가가 1,000원에 불과하니까? 내가 원가 대비 24배에 달하는 이윤을 챙기려 드는 양심 없는 장사치이니까? 아니, 그렇지 않다. 당신이 물을 사지 않는 이유는 다음의 단 한가지이다.

"물에서 가치를 느끼지 않는다."

어쩌면 당신은 내가 2만 4,000원에 물을 팔려 할 때 "흥!" 하고 콧방귀를 뀔 수도 있겠다. 혹은 '2만 4,000원짜리 물, 당신이나 실컷 마시라지!' 라고 생각하며 시큰둥한 표정을 지을 수도 있겠다. 충분히 그럴 수 있다. 사람은 원래 가치를 느끼지 않는 것에 대해서는 그렇게 반응하니까 말이다.

이제 당신의 상황을 조금 다르게 생각해보자. 당신은 지금 사막의 한가운데에 서있다. 가엾게도 여행도중에 길을 잃은 것이다. 그리고 당신은 이틀 동안 물을 단 한 모금도 마시지 못했다. 그런 당신에게 내가 물을 팔러 다가갔다. 자. 이제 당신에게 다시 묻는다.

"당신. 이 물을 사겠는가? 물론, 가격은 2만 4,000원이다."

당신이 과연 내게 콧방귀를 뀔까? 아니면, '2만 4,000원짜리 물, 당신이나 실컷 마시라지!' 라고 생각하며 시큰둥한 표정을 지을까?

아니, 당신은 절대 내게 그런 행동을 할 수 없다. 당신은 필시 물을 살 것이다. 당신이 물을 사는 이유는 다음의 단 한가지이다.

"물에서 가치를 느낀다."

마케터들은 일찍이 알고 있었다. 사업자가 책정한 가격이 상대적이고 개인적인 개인의 가치와 맞아 떨어지게 되면 거래가 성립된다는 사실을 말이다. 이들은 아주 오래 전부터 가치가 가격에 우선한다는 사실을, 가격이 가치를 위해 기꺼이 희생될 수 있다는 사실을 알고 있었다.

오늘날 가치에 대해 가장 많은 것을 알고 있는 이들은 철학자도, 경제학자도 아닌, 다름아닌 마케터들이다.(치킨 배달과 관련된 자신의 경험담을 소개하며 가치에 대한 이야기를 한 이-'레스터 원더맨(Lester Wunderman)'-가 마케터라는 사실을 떠 올리자. 마케터들은 늘 이런 식의 이야기를 한다.)

이들은 사람들의 육체를 사막으로 보내지 않는다. 단지 정신을 사막으로 보낼 뿐이다. 이들은 온갖 방법들을 동원해서 사람들이 병에 들은 물에서 가치를 느끼게끔 만든다. 그렇게 온갖 방법들을 동원하더니, 결국 언젠가부터 사람들이 돈을 주고 물을 사 먹게 되었다. 이들 덕에 과거에는 상식적으로 전혀 이해가 되지 않았던 행위들이 이제는 아주 상식적인 행위들로 취급을 받게 되었다.

그런데 혹시 당신, 수도꼭지를 틀면 그저 쏟아져 나오는 수돗물과 슈퍼마켓에서 판매가 되는 병에 들은 물의 성분차이를 명확하게 알고 있는가? 아마 명확하게 알지 못할 것이다. 그럼에도 당신은 병에 들은 물에서 더 큰 가치를 느끼고 그것을 돈을 주고 사 먹는다.

그렇다면 혹시 당신, '에비앙'이라는 브랜드의 물과 '삼다수'라는 브랜드의 물이 지닌 성분의 차이를 명확하게 알고 있는가? 아마 이 역시 명확하게 알지 못할 것이다. 그럼에도 당신은 에비앙에서 더 큰 가치를 느끼고 그것에 더 많은 돈을 주고 사 먹는다.

분명, 그저 틀면 쏟아져 나오는 수돗물을 먹는 나나, 병에 들은 물을 돈을 주고 사먹는 당신이나 서로 명확하지 않은 이유들로 각각의 것들을 소비한다.

우리는 이렇게 명확하지 않은 이유들로 각각의 것에서 가치를 느낀다.

우리는 바로 이점에 주목해야 한다. 이것이 바로 가치의 성질이기 때문이다. 가치란 명확하지 않음에도 느낄 수 있는 것, 보이지 않음에도 쫓을 수 있는 것, 설명할 수 없지만 무엇인지 알 수 있는 그 어떤 무엇이다.

가치란 그런 것이다. 종류를 막론한 모든 가치가 그렇다.

만약 내가 당신에게 가치에 대해 명확한 설명을 할 수 있다면, 나는 필시 사기꾼일 것이다. 때문에 나는 마케터들이 명확하지 않은 것들을 토대로 물을 상품화 했다고 비난할 생각이 전혀 없다. 우리가 느끼는 가치란 원래 그런 성질의 것이니까 말이다.

그래서 가치에 가격을 책정하는 일은 언제나 허망하다. 가치에 가격을 책정하는 일이 얼마나 허망한 일인지는 예술의 가격과 생물의 가격을 따져보면 확실하게 드러난다.

예술의 가격

우선 예술의 가격에 대해서 이야기를 해보자. 예술 하면 떠오르는 궁극의 아이콘이 하나 있다. 바로 레오나르도 다빈치의 그림인 모나리자이다. 그보다 더 많이 묘사된 여성의 그림도 없으며, 그보다 더 찬양된 여성의 그림도 없다. 예술계 사람들은 이구동성異口同聲으로 말한다. "그 여성이 아름답다."고, 그리고 "미소가 신비롭다."고.

그 여성은 앉아있다. 그리고 왼쪽을 바라보고 있다. 그런데 세상에! 눈썹이 없다. 눈썹이 없으니 이마가 너무 넓어 보일뿐더러 그녀의 웃는 모습을 괴기스럽게 까지 만든다. 나는 그녀를 보며 생각한다. '여성의 눈썹은 참으로

중요한 것이구나.'

아무래도 나는 못생긴 그녀가 영 마음에 들지 않는다. 분명, 이 책을 읽게 될 누군가도 나와 비슷한 생각을 하고 있을 것이다. 모나리자, 그녀는 현대 남성의 눈에 미인으로 보여지기에는 많은 무리가 따르는 얼굴이다.

그렇다, 그녀는 추녀이다. 하지만 그녀는 비싸다. 그것도 엄청나게! 아마 당신도 이 사실을 잘 알고 있을 것이다. 그래서 묻는다.

"못생긴 그녀가 어째서 그런 엄청난 가격을 형성하게 되었는지, 그 가격형성의 메커니즘을 이해하고 있는가?"

아마 당신은 답하지 못했을 것이다. 이 물음에 답을 할 수 있는 사람은 아무도 없으니까 말이다. 모나리자의 가격이 그 어떤 것에도 연동하고 있지 않기 때문이다. 모나리자는 대부분의 사람들이 느끼는 가치, 그 이상으로 터무니 없이 비싸다.

가격이 없는 모나리자를 한번 생각해 보자. 어떤가? 가격이 사라진 모나리자. 혹시, 현관이나 거실에 걸어둘까 말까 한 정도의 그림으로밖에 느껴지지 않지 않는가?(그녀가 워낙 못생겼기 때문에 걸어둘지 말지도 고민해야만 한다.) 모나리자에 대한 진실을 조금 냉소적으로 표현하자면, "모나리자는 가격이 전부이다."(물론, 이런 식을 생각을 가진 사람이 나뿐만은 아니다. 2004년 '터너상(Turner Prize)'의 수상자인 '제러미 델러(Jeremy Deller)'는 "어떤 것이 예술인지 무엇을 보고 알 수 있는가?" 라는 질문에 대해 "가격을 보고 안다." 라고 대답했다.)

많은 사람들이 모나리자를 못생겼다고 생각한다. 그녀의 미소에서 어떤 신비함도 느끼지 않는다고 생각한다. 그리고 나는 이런 솔직한 접근 방식이 예술을 감상하는데 있어서 아주 올바른 접근 방식이라고 생각한다. 예술은 지식으로 접근하는 것이 아니기 때문이다. 그저 느낌으로 접근해야 하는 것이다.

사랑과 열정, 감동 따위는 그저 느끼는 것이다. 그리고 그런 느낌에 대해 명확하게 설명할 수 있는 사람은 아무도 없다.(만약 내 말에 이견을 달고 싶은 사람이 있다면 오르가즘이 어떤 느낌인지를 명확하게 설명해야 할 것이다.)

무엇이 예술이고 예술이 아닌지를 지식을 토대로 해서 명확하게 설명해 줄 수 있는 사람은 아무도 없다. 지금까지의 결과들을 두고 따지자면, 어떤 물건이나 행위에 대해 미술가나 비평가, 그리고 화랑 운영자와 미술관 관장, 큐레이터 등이 그것을 예술이라고 합의하게 될 때 그제서야 그것이 예술로 통용된다. 물론, 예술에 가격이라는 옷을 입히는 사람들 역시 이들이다. 그래서 나는 예술시장을 '그들만의 리그'라고 부른다.

1961년, '피에로 만초니 Piero Manzoni'는 이런 예술시장의 가격형성 메커니즘에 대한 공격을 시작했다. 통조림 속에 자신의 똥을 채워 넣고는 그것에 〈예술가의 똥 Artist's Shit〉이라는 이름을 붙인 것이다.

두말할 것도 없이 이것은 당시 아주 큰 화제를 불러 일으켰다. 하지만 예술 장사꾼들은 이에 굴하지 않았다. 오히려 이 화제를 장사에 역 이용했다. 이들은 이것을 재빠르게 예술이라고 합의했다. 덕분에 〈예술가의 똥〉은 사람들 사이에서 예술로 통용되게 되었고, 결국 2005년 11월 22일, 〈예술가의 똥〉그 중의 57번(1961년, 통조림에 37g씩 채워진 똥 중의 57번째라는 뜻이다.)이 소더비 경매에서 11만 유로에 판매가 되었다.

'제이슨 로즈 Jason Rhoades'는 다음과 같이 말한다. "우리 예술가들은 우리가 똥 같은 물건을 만드는지 황금을 만들어 내는지 알지 못한다."

이제, 우리의 아이가 유치원에서 크레파스로 그린 가족의 얼굴을 예술장사꾼들에게 가져가자. 그래서 그들의 합의를 얻어내자. 그렇게만 된다면 그 그림은 분명 사람들에게 예술로 통용될 것이다. 물론, 엄청난 가격 역시 형성될 것이다. 이것이 바로 우리의 아이를 예술가로 키우는 가장 쉬운 방법이다.

'엔디워홀Andy Warhol'은 "예술이 과연 무엇이냐?"는 질문에 대해 아주 냉소적인 답을 한다. "예술? 그건 사람의 이름이죠!" 현재 그가 '실크스크린 기법silk screen(판화 기법중의 하나. 단 시간 내에 수십 장을 찍어낼 수 있다.)'으로 찍어낸 코카콜라 병들의 그림은 예술로 취급 받는다. 하지만 동네 슈퍼마켓에 진열되어 있는 코카콜라 병들은 상품 진열일 뿐이고, 코카콜라 포스터는 그저 광고물일 뿐이다.

또한 '마르셀 뒤샹Marcel Duchamp'이 〈샘Fontaine〉이라고 이름 붙인 소변기는 예술품이다. 하지만 집 앞 공원에 있는 소변기는 그저 소변기일 뿐이다. 그는 자신의 일기장에 이렇게 적어 놓았다. "예술이 아닌 대상물을 만들어 낼 수 있는가?"

'로이 리히텐슈타인Roy Lichtenstein'이 그린 '미키마우스'와 '도널드 덕'은 예술이다. 하지만 내 조카가 그린 '미키마우스'와 '도널드 덕'은 그저 만화일 뿐이다.

세상에 이런 모순이 어디 있는가. "문화의 본질은 모순."이라는 '다니엘 밀러Daniel Miller'의 말이 옳다. 그는 이런 모순들이 결코 해결될 수 없다고 주장한다. 도대체 예술 장사꾼들은 어떤 기준을 두고 예술과 예술이 아닌 것을 가르는 것일까? 가격을 창조해 내는 이들의 연금술은 한낱 말장난에 근본을 두고 있는 것이 아닐까?

오늘 우리의 삶이 다 한다고 생각해 보자. 우리는 저승으로 단 하나의 그림만을 가져갈 수 있다. 우리는 과연 저승에 레오나르도 다빈치가 그린 모나리자를 가져갈까? 아니면 아이가 유치원에서 크레파스로 그린 가족의 얼굴을 가져갈까? 우리는 과연 누구의 그림에서 사랑과 열정을 느낄까? 우리에게는 누구의 그림이 예술로 다가올까?

예술에서 느껴지는 사랑과 열정 따위가 바로 가치이다. 그래서 사랑과 열정이라는 단어를 가치라는 단어와 혼재하여 사용하여도 아무런 문제가 따르지 않는다. 하지만 이것들을 가격이라는 단어와 혼재하여 사용한다면 많은 문제가 따른다.

예술장사꾼들은 늘 이런 문제들을 만들어낸다. 그들은 언제나 사랑과 열정 따위의 가치를 가격이라는 단어와 혼재하여 사용한다. 그들은 주장한다. '가격이 곧 가치'라고. 하지만 그들은 틀렸다. 가격은 절대 가치가 될 수 없다.

김점선은 자신의 책 〈바보들은 이렇게 묻는다〉를 통해서 이렇게 말한다.

"대학을 갓 졸업한 젊은이더러 묻는다. 돈 벌면 그림을 살 건가? 모나리자 원화를 사겠다고 대답하는 놈이 있다면, 그는 미친놈이다."

생물의
가격▪

이번에는 생물의 가격에 대해서 이야기를 해보자. 돌고래는 보통 7,000만원 선에서 거래가 이루어 진다고 한다. 그렇다. 돌고래의 가격은 7,000만원이다. 그리고 비둘기는 이보다 훨씬 더 낮은 가격에 거래가 되고 있다. 그렇다면 비둘기의 가치는 돌고래의 가치에 비해 훨씬 더 낮은 것일까?

절대 그럴 리가 없다. 비둘기가 돌고래보다 훨씬 더 낮은 가치를 지니고 있다는 생물학적인 근거는 어디에도 없다. 그렇다면 비둘기의 가치는 과연 얼마만한 것일까? 돌고래보다 높은 걸일까? 낮은 것일까? 애석하게도 생물학은 이에 대한 답을 제공해주지 않는다. 다만, 종교학에서 비둘기 생명의 가치에 대한 이야기를 언급하고 있기에 이를 소개한다. 〈대지도론大智度論〉에는 다음과 같은 이야기가 있다.

　어느 날 수행을 하고 있는데. 난데 없이 비둘기 한 마리가 비명을 지르면서 황급히 그의 품 속으로 날아와 숨으며 공포에 질려 온 몸을 바들바들 떨었다. 곧이어 뒤따라 온 독수리가 수행자와 그 품 안에 있는 비둘기를 보더니 나뭇가지에 앉아 수행자에게 말했다.

　"수행자여! 그 비둘기를 내게 돌려 주시오. 그것은 내 저녁거리요."

　"네게 돌려 줄 수 없다. 나는 부처가 되려고 서원을 세울 때 모든 중생을 다 구원하겠다고 결심을 하였다."

"당신은 참 어리석소이다. 모든 중생 속에 나는 들지 않소? 당신 때문에 비둘기는 살 수 있을지 몰라도 나는 굶어 죽게 된단 말이오. 어찌 나에게는 자비를 베풀지 않고 더구나 내 먹이를 빼앗는단 말이오."

"어쨌든 비둘기는 돌려줄 수 없다. 무슨 다른 방법을 찾아보자. 비둘기 대신 너는 어떤 것을 원하느냐?"

"비둘기 무게만큼의 살코기를 주시오. 그렇다면 비둘기도 살고 나도 살 수 있소."

수행자는 생각했다.

'날고기라면 산 목숨을 죽이지 않고서는 얻을 수 없다. 그렇다고 하나를 구하기 위해 다른 목숨을 죽게 할 수는 없지 않는가. 차라리 내 허벅지 살을 잘라 주고 비둘기를 살리자.'

수행자는 저울 한 쪽에 비둘기를 두고 다른 쪽에 자신의 허벅지 살을 베어 얹었다. 비둘기가 훨씬 무거웠다. 그래서 다른 쪽 허벅지 살을 더 베어 얹었다. 그래도 마찬가지였다. 할 수 없이 수행자는 엉덩이, 양 팔, 양 다리를 다 베어 얹었으나 저울은 비둘기 쪽으로 기울었다. 마침내 수행자는 마지막으로 자기의 몸뚱이 전체를 얹었다. 그제야 저울은 균형을 유지했다.

법륜 〈실천적 불교사상〉 정토출판 1988

부처의 가르침에 따르자면, 비둘기 생명의 가치는 부처 자신의 생명의 가치와 같다.

그런데, 솔직히 말해서 나는 모르겠다. 비둘기의 가치가 돌고래의 가치와 같은지, 혹은 부처의 가치와 같은지 말이다. 부처도 하느님도 아닌 나는 생물가치의 크기를 잴 수 있는 어떠한 방법도 알지 못한다. 때문에 사람들에게 생물의 가치에 대한 어떠한 답도 해 줄 수가 없다.

나뿐만이 아니다. 그 누구도 생물가치의 크기를 잴 수 없다. 비단 생물만이 아니다. 생물, 무생물을 가리지 않고 어떤 것의 가치의 크기를 잰다는 것은 사람의 능력 밖의 일이다. 만약 내가 가치의 크기를 잴 수 있다면 나는 사람이 아닐 것이다. 필시 더 뛰어난 다른 무엇일 것이다. 사람은 절대 가치의 크기를 잴 수 없다. 가치가 명확하지 않은 성질의 것이기 때문이다. 때문에 어떤 것의 가치의 크기를 두고 가타부타한다는 것은 아주 우습은 일이다.

구름빵

명확하지 않은 성질의 가치를 인위적으로 가공해서 명확한 성질의 숫자로 만들어 낸 것, 그것이 바로 가격이다. 가격 책정의 메커니즘은 손에 잡히지 않는 구름을 인위적으로 가공해서 빵을 만들어 낸다는 설정의 동화, '백희나'의 〈구름빵〉의 세계관과 그 궤를 함께 한다.

그렇다. 가격 책정의 메커니즘은 판타지에 기초를 두고 있다. 그래서 우리가 어떤 것의 가격을 통해 알 수 있는 사실은 아무것도 없다. 이를 일찍이 깨달은 '쇼펜하우어Arthur Schopenhauer'는 다음과 같이 말한다. "나는 모든 것의 가격을 안다. 그러나 어느 것의 가치도 모른다." 가격은 허망한 것이다.

가격적 사고메커니즘이 가져오는
도덕적이고 철학적인 오류들

이처럼 결코 측정이 불가능한 것들을 억지로 가공해서 저울 위에 올리고, 자 앞에 세워서는 그 무게와 크기를 잰 숫자로 표현한 것이 바로 가격이다. 가격은 모든 것들에 '인위적 동질성人爲的 同質性'을 부여한다.

사람들은 어째서 이런 인위적 동질성을 필요로 하게 되었을까?

바로, 다양한 것들끼리의 거래(교환)를 위해서 이다.

가격은 거래를 전제로 한다. 거래를 하기 위해서는 반드시 거래대상끼리의 비교가 선행되어야 한다. 하지만 수많은 거래대상들이 각각의 개념과 형식들로 표현되고 있기 때문에 비교가 불가능하다. 이것들을 비교해 서로 거래가 가능케 하기 위해서는 이것들을 어느 특정한 하나의 형식으로 통일해야 할 것이다. '마르크스Karl Heinrich Marx'의 말을 빌리자면, "다양한 것들과의 다양한 등식을 하나의 전혀 다른 형식으로 표현할 수 있는 것"이 필요한 것이다. 이런 필요에 의해 생겨난 것이 바로 가격이다.

그래서 지금, 거의 모든 것들이 가격이라는 인위적 동질성이 부연된 체로,

돈이라는 통일된 수단을 통해서 거래가 이뤄지고 있다. 그리고 이 과정에서 '고차적高次的'인 것들이 '저차적低次的'인 것들로 끌어내려졌다.

신이 만든 생명이, 사람이 만든 물건과 비교가 가능케 되었고, 신성한 것 은혜로운 것들이 별볼일 없는 것들과 비교가 가능케 된 것이다. 이제, 세상의 모든 비교는 가격을 통해서 이뤄진다. 가격을 통한 비교가 심화된 세상에서 도출할 수 있는 결론은 다음의 단 하나뿐이다.

"돈이 최고다."

측정할 수 없는 것들을 측정하려는, 이치에 맞지 않는 시도들이 당연시되다 보니 이런 이상한 결론 역시 당연시 되고 있다. 우리는 가격이, 아주 중요한 것들을 무시하고 있다는 사실을 알아야만 한다.

가격적 사고메커니즘에 입각하자면 내가 6년간 써온 낡은 노트북을 시장에 내다 파는 것은 전혀 문제가 되지 않는다. 폐기처분 한다 해도 전혀 문제가 되지 않을 것이다. 내가 돈 주고 산 것 내 마음대로 한다는데 뭐랄 사람이 누가 있겠는가? 누구도 날 비난할 수 없다.

하지만 내 애인이 12년 동안 기른 늙은 개(검은색의 요크셔테리어이고, 이름이 '하나'이다. 그리고 암놈이다.)를 시장에 내다 판다면 어떨까? 개를 폐기처분 한다면 어떨까? 이것 역시 전혀 문제가 되지 않을까? 절대 그럴 리가 없다. 이것은 아주 큰 문제이다. 애인이 내게 "내가 돈 주고 산 것 내 마음대로 한다." 라고 말한다면, 틀림없이 나는 애인에게 실망하고 말 것이다.

그렇다. 가격은 존재수준과 존엄성 따위의 가치는 따지지 않는다. 오직 인위적 동질성이 부여된 숫자만을 따진다. 내가 노트북을 산 가격이 100만원이고, 애인이 개를 산 가격이 100만원이라고 할 때 가격은 이 둘이 같은 가치

201

를 지닌 것으로 취급한다.

 이것은 오류이다. 그것도 아주 심각한.

 사람이 만든 물건과 신이 만든 생명은 절대 같은 저울에 올려질 수 없다. 당신 역시 이 사실을 인정할 것이다. 하지만 당신과 내가 인정하는 이 자명한 사실을 가격은 절대 인정하지 않는다. 가격적 사고메커니즘을 가지고서는 이 오류를 설명해 낼 수가 없으니까 말이다.

가격은 가치를 위해
기꺼이 희생될 수 있는 것

가격은 가치를 위해 언제든지 희생될 수 있는 것이다. 내가 아는 어떤 이는, 얼마 전에 꽤오래 다니던 직장을 그만 두었다. 그는 오랜 기간을 은행에서 일했다. 사람들이 그에게 물었다. "더 좋은 직장을 구한 것이냐?" 라고. 그는 답했다. "그렇다." 라고. 그는 지금 자신이 은행에서 받던 돈의 절반에도 미치지 못하는 수준의 돈을 받으며 교회에서 일한다.

 우리가 아는 어떤 이는 회사에서 해고가 될지도 모를 위험을 떠 않은 채, 노조원들을 이끌고는 파업투쟁을 벌이고 있다. 그와 노조원들은 회사의 경영방침이 자신들 '업業'의 가치를 훼손시킨다고 생각한다. 그와 노조원들은 더 나은 가치를 위해 기꺼이 회사가 정해준 가격을 길바닥에 내 버릴 각오가 되어 있다.

　우리 주위에는 이런 사람들이 아주 많다. 더 나은 가치를 위해 가격을 희생하는 이들 말이다. 이들은 알고 있다. 가격이 가치에 우선하게 되면 우리의 삶이 지독해진다는 것을.

가격에 의해
퇴색되는 가치들

수년 전에 총각친구들 넷이서 계契를 조직해서 운영한적이 있었다. 총각들이 모인 계의 성격이 다 그렇듯이 '모임이 있는 날 하루만큼은 진탕 놀자.'가 계의 유일한 모토motto였다. 그런데 그 중 한 녀석이 늘 지각을 했다. 별다른 이유가 있는 것도 아니었다. 그저 습관적으로 지각을 했다. "인원이 넷밖에 되지 않아 한 사람의 공백이 크게 다가온다." 라고 그렇게 눈치를 주었건만 전혀 고칠 기미를 보이지 않았다.

　그래서 결국 특단의 조치를 취했다. 회칙에 '정해진 약속시간을 지키지 않을 시 벌금을 물린다.' 라는 내용을 추가한 것이다.(30분 초과당 1만원이었다. 물론, 예외가 인정되는 몇 가지의 경우들은 특약으로 달았다) 어떻게 됐을 것 같은가? 그 녀석이 다음의 모임부터는 약속시간을 칼같이 지켰을 것 같은가?

아니. 절대 그렇지 않았다. 오히려 그 녀석은 그 전보다 훨씬 더 자주, 그리고 더 긴 시간을 지각했다. 어떤 때는 모임이 거의 다 끝날 때가 되어서야 왔다. 녀석이 약속시간에 지각하는 버릇을 고치기 위해서 회칙을 변경한 것인데, 되려 독이 되고 말았던 것이다. 과연 무엇이 문제였을까?

약속에 가격을 책정한 것이 문제였다. 우리는 약속이 상호간의 신뢰를 바탕으로 한 것이기에 그것에 꽤 훌륭한 가치가 있다고 믿는다. 비겁한 이가 아니고서는 '약속은 지키는 것이 옳은 일이고, 지키지 않는 것은 옳지 않은 일이다.'라는 생각을 갖고 있다. 그래서 우리는 약속을 지키지 않으면 상대방에게 "미안하다."고 사과를 한다. 역시 약속은 지키는 것이 '선善'이다.

이렇게 약속은 도덕적인 가치를 지니고 있다. 그리고 계모임의 멤버들은 이런 도덕적 가치를 지닌 약속에 30분 초과당 1만원이라는 가격을 책정했다. 그러자 그 도덕적 가치가 퇴색되었다.

약속에 가격이라는 꼬리표가 붙자 약속은 더 이상 지켜야 할 '선'이 아니게 되었다. 돈으로 거래가 되는 빵이나 연필처럼 하나의 '상품'이 되고 만 것이다. 그래서 계모임의 멤버들은 지각을 하게 되면 "미안하다." 라는 사과대신 계산된 돈을 건네게 되었다. '지각한 만큼 돈을 내면 되지 않느냐?'라는 의미를 담은 뻔뻔한 얼굴들을 하고서는 말이다.

계좌에 돈은 쌓여가는데, 빈정은 상해만 갔다. 결국 술자리에서 불만이 폭발했다. 그리고 이런 저런 이야기들 끝에 "우리, 앞으로는 약속을 소중하게 생각하자." 라는 격한 다짐을 하고는 회칙을 처음의 상태로 되돌렸다. 그렇게 총각들 계모임에서의 지각은 사라졌다.

선善, 좋은 것, 아름다운 것, 그리고 신성한 것 따위에 가격이 책정되는 순간에, 그것들 본연의 가치는 회색 빛으로 퇴색되어버린다.

'마이클 샌델Michael J. Sandel'은 자신의 책 〈돈으로 살수 없는 것들What money can't buy〉을 통해서 다음과 같이 말한다.

삶 속에 나타나는 좋은 것에 가격을 매기는 행위는 그것을 오염시킬 수 있다. 시장이 단순히 재화를 분배하는 역할에만 머물지 않고, 교환되는 재화에 대해 어떤 태도를 드러내면서 부추기기 때문이다. 아이들에게 돈을 주어 책을 읽게 하는 행위는, 아이들을 독서에 힘쓰게 만들지는 모르나 독서를 내재적 만족의 원천이 아니라 일종의 노동으로 여기도록 한다. 대학의 입학허가를 경매에 부쳐 최고 입찰자에게 파는 행위는 대학 재정에 보탬이 될지는 모르나 대학의 품위와 대학입학의 가치를 해칠 수 있다. 자국의 전쟁에 외국인 용병을 투입하는 행위는 자국민의 생명을 구할지는 모르나 시민정신의 의미를 퇴색시킨다.

그는 가격이 가치를 퇴색시키는 가장 분명한 예로 노예 제도를 든다.

노예 제도는 인간을 경매에서 사고 팔 수 있는 상품으로 다루었기 때문에 끔찍했다. 이는 적절한 방식으로 인간의 가치를 인정하지 않는 태도다. 다시 말해 인간을 존엄하고 존중 받을 가치가 있는 존재로 인정하지 않고 이익을 얻기 위한 도구와 사용 대상으로 여긴 것이다.

현재, 시장에는 시간당 얼마이니 해가며 사랑에 가격을 책정해 파는 '애인

대행 서비스'가 성행 중이다. 워낙 유명하니 당신도 잘 알고 있을 것이다. 정말이지 생각해 보지 않을 수가 없다. "과연 돈을 주고 산 사랑과 그렇지 않은 사랑이 같은 가치를 지니고 있을까?"

'친구대행 서비스' 역시 성행 중이다. 이것 역시 생각해보지 않을 수가 없다. "과연 돈을 주고 산 우정과 그렇지 않은 우정이 같은 가치를 지니고 있을까?"

답은 뻔하다. 돈을 주고 산 사랑과 우정이 그렇지 않은 것들에 비해 더 나은 가치를 지니고 있을 리 만무하다. 섹스 역시 이와 마찬가지일 것이다. 돈을 주고 산 섹스를 그렇지 않은 섹스와 감히 비교할 수 있을까? '조지 버나드 쇼George Bernard Shaw'의 일화 중에는 다음과 같은 이야기가 있다.

어느 날 그는 나이가 지긋한 어떤 부인夫人에게 제안을 한다. "부인, 내가 당신에게 5파운드를 주면 나와 함께 잠자리에 들겠소?" 그 부인은 몹시 분개했다. 그러자 그는 잠시 생각을 하는 듯 뜸을 들인 후에 다시 물어보았다. "그렇다면 내가 10만 파운드를 준다면 어떻게 하겠소?" 부인은 잠시 망설이더니 말없이 그의 뒤를 따랐다.

바로 이순간. 그는 부인을 바라보며 다음과 같이 말한다.

"자, 이로써 우리가 논쟁을 하는 이유가 어떤 행동 때문은 아님이 밝혀졌다. 단지 서로 가격이 맞지 않아서 싸울 뿐이다."

이 괴팍한 이야기가 과연 사실인지 거짓인지를 확인해볼 길은 없다. 하지만 이 이야기가 사실이라 치더라도 쇼의 말은 아주 잘못 되었다. 돈을 주고 산 섹스와 그렇지 않은 섹스는 엄연히 다른 것이니까 말이다. 쇼는 이 사실을 몰랐다. 그럴 수 밖에 없었다. 그는 섹스를 경멸한 금욕주의자였으니까 말이다.

그는 말한다. "나는 영원한 관계를 유지하는데 기초가 되는 것이라고들 말하는 섹스에 대해 속지 않는다." 라고. 그리고 나는 생각한다. '아! 생전의 쇼는 섹스의 진정한 기쁨을 모르고 살았던 가엾은 이였구나.' 라고.

섹스의 진정한 기쁨을 몰랐던 그는 오직 가격적 사고메커니즘만을 가지고 섹스에 접근했었다. 참으로 눈물 나게 가엾다.

'경제적 사고' 그리고 '비(非)경제적 사고'■

마침 쇼의 이야기가 나왔으니 그의 일화를 한가지만 더 살펴보자.

생전의 '이사도라 던컨Isadora Duncan'은 쇼의 열렬한 팬이었다고 한다. 그녀가 쇼에게 말했다. "당신과 제가 결혼해서 당신의 지성과 저의 외모를 가진 아이가 태어나면 얼마나 멋지겠어요?" 그러자 쇼가 말했다. "내 못난 외모와 당신의 텅 빈 머리를 가진 아이가 태어날 지도 모르지요."

과연, 그녀가 에둘러가며 쇼에게 청혼을 한 이유는 그녀의 말처럼 정말 2세를 위한 계산적 사고에서였을까? 아니면 쇼를 진정 사랑해서였을까?

물론, 그녀는 쇼를 진정 사랑했을 것이다. 나는 그랬을 것이라고 확신한다. 왜? 결혼은 원래 진정 사랑하는 사람과 하는 것이니까 말이다. 내가 아는 한 결혼의 참 의미는 사랑의 결실이다. 그런데 어디 가서 이런 소리를 하면 다들 "총각이라서 뭘 모른다."며 비웃더라.

요즘은 계산적 사고에 의해서, 결혼에 관련된 수많은 것들에 가격이 책정된다. 그리고 미혼자들은 그것들을 가지고 저울질을 한다.(덕분에 결혼의 뒤에까지 '테크놀로지technology'라는 별명이 따라붙었다. 혼테크) 분명, 가격이라는 숫자를 통해 저울질을 하게 되면 어떤 사람이 자신의 배우자 감으로 좋은지 줄을 세우기에는 편할 것이다. 그저 이것 저것들을 가격으로 가공해서, 그것들을 모두 더한 뒤에 높은 순서대로 줄을 세우면 그만이니까 말이다.

그런데 생각해보자. 이것이 정말 좋은 것일까? 높은 가격이 책정된 배우자가 정말 우리에게 좋을까? 낮은 가격이 책정된 배우자는 정말 우리에게 좋지 않은 것일까?

이런 식의 사고방식이 싫어서 주위 미혼자들에게 "대체 뭐 하는 짓이냐?"고 따져 물으면, 다들 가격을 통한 저울질을 일컬어 "경제적 사고"라고 한다. 이렇게 말하는 이들은 경제적 사고가 현실을 직시하고 있는 현명한 이들이 취할 수 있는 최선의 방식인 것 마냥 이야기한다. 내가 아는 어떤 이는 대기업으로의 취업이 유망한 연하의 대학생과 연애하는 이를 두고는 "저 평가 우량주를 발굴했다."라고 농을 치더라.

경제학은 어느새 사람들에게 아주 가까운 학문이 된 것 같다. 그리고 경제학이 다가오는 만큼 철학과 시는 멀어져 가는 것 같다. 나는 생각한다. '경제학자의 머리가 시인의 가슴을 밀어낸다.'고.

시카고대학의 경제학과 교수인 '게리 베커Gary Stanley Becker'는 1976년, 자신의 책 〈인간 행위에 대한 경제학적 접근The Economic Approach Human Behavior〉을 통해서 다음과 같이 말한다.

경제학적 접근법에 따르면 결혼해서 기대하는 효용이, 독신으로 남거나 좀 더 나은 짝을 찾는 경우에 기대하는 효용을 초과할 때 결혼하기로 결정한다. 이와 비슷하게 기혼자는 독신이 되거나 다른 사람과 결혼하는 경우에 기대하는 효용이, 자녀와의 물리적 별거, 공동 자산의 분리, 법률비용 등 이별로 상실하는 효용을 초과할 때 결혼생활에 종지부를 찍는다. 많은 사람이 배우자를 찾고 있기 때문에 결혼에도 시장이 존재한다고 말할 수 있다.

경제학자들은 대체. 어째서. 늘. '사랑'과 '낭만' 따위를 무시하는 것일까? 이들은 과연 노래를 들으며, 시를 읽으며 단 한번도 눈물을 흘려본 적이 없는 것일까?

이들은 인정해야만 한다. 소위 '경제적 사고'라는 것에 의해 무시되곤 하는, '사랑'과 '낭만'따위가 실은 우리 삶의 가장 중요한 것이라는 사실을 말이다. 세상의 온갖 아름다운 것들이 이것들에 대해 이야기한다. 분명, 이것들이야 말로 우리 삶의 가장 중요한 것들이다. 해바라기의 〈사랑으로〉와 최백호의 〈낭만에 대하여〉가 가슴을 치는 까닭이다.

류시화는 자신의 시 〈첫사랑〉을 통해서 다음과 같이 말한다.

내가 시인의 사고방식으로 사랑을 한다고
너 불평을 했다

단지 내 짐작일 뿐이지만, 아무래도 류시화가 말한 'you(넌)'는 요즘 유행하는 경제적 사고방식에 입각한 사랑을 추구했었던 듯 하다. 그래서 시인의 가벼운 주머니가 늘 불만이었을 것이다. 'you'는 그것에서 "희망을 볼 수 없다."라고 불평하지 않았을까? 아마 그랬을 것이다. 류시화가 다음과 같이 이어서 말했으니까 말이다.

희망 없는 날을 견디기 위해서라고
난 다만 말하고 싶었다

류시화는 결국 'you'와 이루어지지 않았다. 그래서 시의 제목이 〈첫사랑〉이다.
사랑을 가장 아름답게 말하는 이가 시인일 터인데 'you'는 시인에게 사랑에 대한 불평을 말하고는 결국 떠나갔다. 아마도 'you'는 시인의 가슴이 아닌, 경제학자의 머리로 하는 사랑을 찾아서 떠나갔을 것이다. 낭만은 모두 류시화에게 남겨둔 채로 말이다. 그리고는 그 사랑을 이루었겠지. 그렇다면, 그 사랑의 이름은 '경제적 사랑'이 되어야 하는 것일까? 그것은 과연 진짜 사랑인 것일까?
언젠가 류시화는 말했다. "시인은 전쟁이 나도 다락방에서 사랑의 시를 쓸 수 있어야 한다."라고. 시를 쓸 수 있는 모든 이가 시인이라는 전제하에 그는 옳다. 그것도 아주 옳다. 류시화는 알고 있는 것이다. 사랑이 좋은 것이라는 것을 말이다.

사실 사람들 모두 이것을 안다. 그래서 "누가 뭐래도, 사랑이 꽃보다 아름다워." 라는 안치환의 노랫말에 그렇게들 공감을 한다.

사랑은 역시 좋은 것이다. 그래서 전쟁이 나게 되면 류시화는 다락방에서 사랑의 시를 쓸 것이다. 그리고 우리는 누군가와 사랑을 나눌 것이다. 물론, 다락방에서.

나는 이를 확신한다. 좋은 것은 전쟁 통에도 '쓰고 싶은 것', '나누고 싶은 것'이니까 말이다.

사랑은 얼마입니까?

경제학자들은 '좋은 것'과 '나쁜 것'에 대해 이야기를 할 수 없다. 그들은 그저 계량할 뿐이다. 앞서 수 차례 언급했던 GDP가 그 단적인 예이다. 경제학의 가르침에 입각한 경제적 사고는 계량이 불가능한 '좋다.', '나쁘다.'에 대한 질적인 개념을 철저하게 무시한다. 사랑과 낭만 따위 역시 좋은 것이기에 경제학자들은 이것들을 철저하게 무시한다. 그리고는 오직 계량이 용이한 것들만을 두고는 양적인 개념만을 따진다. 이렇게 하게 되면 분명 어떤 것들끼리의 비교는 아주 쉬워질 것이다. 하지만 그것들의 본연의 가치는 놓치게 된다.

은행이 담보 없는 가난한 이에게 저리의 이자로 돈을 꿔주어 그를 돕는 행위는 경제적 사고에 의하자면 지양되어야 할 행위이다. 하지만 그렇게 비경제적인 사고에 의한 행위를 하는 이들이 있기에 지금 우리의 세상이 이토록 아름다운 것이다.('방글라데시'의 그라민 은행 Grameen Bank을 이야기 하는 것이다.) 주운 돈을 주인에게 돌려주는 행위 역시 경제적 사고에 의해 지양되어야 할 행위일 것이다. 하지만 우리는 무엇이 좋은 것인지 알기에 주운 돈을 주인에게 돌려준다.

오랜 고민 끝에 '그래! 내가 그를 위해 경제적으로 조금 손해를 보자!'라고 생각했을 때 밀려 들어오는 뿌듯함을 누구나가 한번쯤은 경험해 보았을 것이다. 이것은 비경제적 사고가 가져오는 긍정이다. 또한 아내와 아이의 볼에 입을 맞추는 행위는 결코 경제적 사고에 의한 것이 아니다. 하지만 이것들은 그 자체가 목적이며 훌륭한 가치이다. 몸을 씻는 행위 역시 결코 경제적 사고에 의해 설명될 수 없다. 하지만 이것 역시 그 자체가 목적이며 훌륭한 가치이다.

우리주위에는 경제적 사고에 의해 설명될 수는 없지만 아주 소중하고 훌륭한 것들이 넘쳐난다. 그것이 무엇이 되었건 간에, 우리는 그것들 본연의 가치를 지켜내야 할 것이다. 만약 그것들을 퇴색시키거나 놓쳐버리게 된다면 우리의 삶은 필시 '그저 살아가는 것' 또는 '무미 건조한 것'이 되고 말 것이다. 경제적 사고에 의해 어떤 것에 가격이 책정되게 되면 그 뒤에는 어김없이 "얼마입니까?" 라는 질문이 따라붙을 수밖에 없다. 다음과 같은 식으로 말이다.

"사랑은 얼마입니까?", "우정은 얼마입니까?", "낭만은 얼마입니까?", "당신은 얼마입니까?"

이 얼마나 천박하단 말인가. 이것이 바로 경제적 사고의 어두운 모습이다. 경제적 사고라는 것은 오직 양, 그것도 돈의 양만을 따지는 아주 편협하고 왜곡된 사고인 것이다.

'창조적creative 소비'를 행하자

가격과 가치는 절대 일치하지 않는다. 이것이 바로 우리가 살고 있는 요지경 세상의 아주 정상적인 모습이다. 하지만 대부분의 사람들은 가격과 가치가 일치하는 것이 정상이라고 생각한다. 가격이 가치에 연동한다고 생각을 하는 것이다. 때문에 사람들은 어쩔 수 없이 가격과 가치에 관련한 각종 역설paradox들을 안고 산다.

그 중 가장 대표적인 역설이 바로 '물과 다이아몬드의 역설water-diamond paradox'이다. 다이아몬드는 공업용으로 사용되는 것을 제외하고는 도대체 어디에 쓸모가 있는지를 전혀 알 수 가없는 돌이다. '처칠Winston Leonard Spencer Churchill'은 말한다. "다이아몬드는 모든 여성들의 허영심을 위한 것."이라고.

반면, 물은 생물이 생명을 유지하는데 있어서 절대 없어서는 안 되는 필수적인 것이다. 분명, 가치의 기준에서 보자면 물이 다이아몬드에 비해 월등하다. 하지만 가격의 기준에서 보자면 다이아몬드가 물에 비해 월등하다.

경제학자들은 상대적 희소성 때문에 이런 역설들이 발생한다고 말한다. '애덤 스미스 Adam Smith'는 1762년, 〈법학 강의 Lectures on Jurisprudence〉에서 다음과 같이 말한다.

"풍부함과 저렴함은 어떤 면에서는 동의어다. 저렴함이란 풍부함의 필연적 결과기 때문이다. 그래서 인류를 부양하는 데 절대적으로 필요한 물은 그 풍부함 때문에 들이켜는 수고 말고는 아무런 비용을 지불할 필요가 없는 반면, 도대체 어디에 쓸모가 있는지 알기 어려운 다이아몬드 같은 보석에는 엄청난 가격이 매겨진다."

그리고, 경제학자도 뭣도 아닌 나는 다음과 같이 말한다.

"가격과 가치는 원래 일치하지 않는다."

사람들이 가장 흔하게 접하게 되는 역설을 극단적으로 표현하자면 다음과 같다.

1. 어제 1만 원짜리 모자를 하나 샀다. 그리고 그것에서 어느 정도의 가치를 느꼈다.
2. 오늘 2만 원짜리 모자를 하나 더 샀다. 그런데 어째 이것에서는 영 가치를 느끼지 못한다.

'가격이 곧 가치'라는 이들의 논리에 따르자면, 우습게도 이것은 역설이 된다. 이것이 역설이 되지 않으려면 다음과 같아야만 한다.

   1. 어제 1만 원짜리 모자를 하나 샀다. 그리고 그것에서 어느 정도의 가치를 느꼈다.
   2. 오늘 2만 원짜리 모자를 하나 더 샀다. 그리고 이것에서 어제 느낀 가치의 두 배의 가치를 느낀다.

생각해보자. '얼마짜리 모자를 사느냐.'가 중요할까? '어떤 모자를 사느냐.'가 중요할까?

희철이는 친구들과의 술자리를 갖다가 어느 정도 분위기가 무르익으면 꼭 이런 말을 한다. "야! 좀 더 비싼 곳으로 옮기자." 그럼 나는 되묻는다. "좀 더 좋은 곳으로 옮기자는 거지?" 그럼 녀석이 답을 한다. "그게 그거지."
다시 한번 생각해 보자.
"비싼 곳은 좋은 곳이고, 싼 곳은 나쁜 곳일까?"
얼마나 오래 사느냐가 중요한 것이 아니라, 어떻게 살아가느냐가 중요하다. 마찬가지로 얼마짜리 물건을 사느냐가 중요한 것이 아니라, 어떤 물건을 사느냐가 중요하다. 또한 10만원을 쓰느냐 100만원을 쓰느냐가 중요한 것이 아니라 그 돈을 어떻게 쓰느냐가 중요하다. 결국 중요한 것은 소비의 내용이다.
같은 1만원이라 하더라도 소비의 내용에 따라 그 1만원이 갖게 될 가치는 아주 다르다. 내가 1만원을 찢어버린다면 그 1만원은 어떠한 가치도 갖지 못할 것이다. 하지만 조카들의 간식으로 쓴다면 그 1만원은 꽤 괜찮은 가치를 갖게 될 것이다. 내가 간식을 사 갔는데 조카들이 껑충껑충 뛰며 기뻐한다면 그 1만원의 가치는 더 높아질 것이다.

'미켈란젤로Michelangelo'는 그의 조각비결에 대한 질문을 받았을 때 다음과 같이 답했다고 한다.

"모든 돌덩이는 하나의 조각상을 간직하고 있다. 그런데 그것을 발견해내는 것은 조각가의 임무이다."

조각가의 손을 거치기전, 자연 상태의 '돌'은 엄청난 가능성을 내제하고 있다. 그러다 그 돌은 조각가의 창조성에 연동한 정과 끌의 움직임에 따라서 다비드상이 되기도 하고, 한낱 공깃돌이 되기도 한다.

돈도 이와 마찬가지이다. 지갑이나 통장에 머물러있는 자연 상태의 돈은 우리의 손을 거치기전에는 엄청난 가능성을 내제하고 있다가 우리의 소비 행위에 의해 그 가능성이 모두 소진되어 버린다. 행위자인 우리는 소비에 생명을 불어 넣을 수도, 저주를 퍼부을 수도 있다. 우리의 돈이 어떤 성격, 어떤 색을 가질지는 오직 우리가 결정한다. 우리는 최대한 창조적creative으로 소비해야 한다.

창조는 '유희遊戲'이다. 바둑은 서로 색이 다른 같은 모양의 돌을 이용해서, 나와 상대방의 창조성을 겨루는 놀이이다. 우리는 그것에서 재미를 느낀다. 장기와 체스도 마찬가지이다.

창조는 지혜와 일맥 상통한다. 엽전 한 닢으로 방안을 가득 채울 수 있는 물건을 사오라는 훈장의 말에, 어떤 이가 초를 사와 그 빛으로 방안을 가득 채웠다고 한다. 그렇다. 당신도 알고 있는 아주 유명한 전례동화이다. 나는 어렸을 적에 이 이야기를 들으며 초를 사온 이의 지혜에 어찌나 감명을 받았는지 모른다.

내가 당신과 당신 친구 5명에게 각각 1만원씩을 주었다고 생각해보자. 이제 당신들은 내가 준 1만원을 가지고는 누가 과연 최고로 행복한 소비를 하는지, 그 창조와 지혜를 겨루는 놀이를 할 것이다. 우승자에게는 엄청난 명예가 안겨진다. 자. 당신은 1만원으로 어떤 소비를 할 것인가?

이런 생각들 참으로 즐겁다. 어째서 우리는 이런 식의 유희를 모르고 살아왔던 것일까?

이것에서 멈추지 말자. 위의 놀이를 조금만 더 확대시켜보자. 그래서 우리들 가계의 소비로까지 연결시켜보자. 지금, 우리들 가계의 생활비는 얼마인가? 그것이 지금 우리들 가계 최고의 행복을 위해 소비되고 있는가? 만약 그렇지 않다면 도대체 무엇이 문제일까? 무엇을 바꿔야 할까?

소비행위에 묻어나는 인격(人格)

소비행위에는 소비자의 인격人格이 그대로 묻어난다. 괴팍한 사람은 돈을 괴팍하게 소비한다. 신중한 사람은 돈을 신중하게 소비한다. 그럴 수 밖에 없다. 개인의 심리상태와 가치관價値觀이 표출되어 나타나는 것이 '행위'이니까 말이다. 그래서 우리는 겉으로 드러나는 사람들의 소비행위를 통해서 역으로 행위자의 내면을 투영해 볼 수도 있다.

오직 자기애自己愛로 충만한 미혼일 때에는 소비품목의 대부분이 자신을 위한 것이다. 하지만 결혼을 해 가장이 되면 소비품목의 대부분이 아내와 아이들을 위한 것으로 바뀌게 된다. 가장의 스피릿spirit이 소비행위에 고스란히 묻어나는 것이다.

무책임한 이는 돈도 무책임하게 소비한다. 허세에 못 이겨, 체면이라는 이유로 돈을 소비하는 이. 그래서 가계의 불안을 조장하는 이는 돈을 쓸 줄 모르는 것이 아니라. 그의 인격 자체가 그런 것이다. 책임감 있는 이는 절대 가계의 불안을 조장해가면서까지 돈을 쓰지 않는다.

멍청한 사람은 돈도 멍청하게 소비한다. 헤픈 사람은 돈도 헤프게 소비한다. 마찬가지로 아름다운 사람은 돈도 아름답게 소비한다.

자신이 똑똑하다고 주장하는 사람이 있다고 해보자. 그는 물건을 좀더 저렴하게 구입할 수 있는 다른 경로가 충분히 있음에도 불구하고. '귀찮다.'는 이유, '폼 나지 않는다.'는 이유 등을 들어가며, 그 경로들을 포기하기를 일삼는다. 그래서 결과적으로 언제나 남들보다 더 비싼 값을 치르고 물건을 구입한다.

그는 정말 똑똑한 사람일까?

가치관(價値觀)과 소비행위를
일치시켜야 한다

한국의 수많은 기독교 신자들이 교회에 '십일조十一條(기독교 신자가 수입의 10분의 1을 교회에 바치는 것.)'를 헌금한다. 요즘, 교회 십일조를 횡령한 목사를 비롯해서 소설가 '조성기'가 쓴 책 〈십일조는 없다〉까지 십일조에 대한 안 좋은 문제들이 터져 나와서 십일조가 세간의 관심을 톡톡히 받고 있는 것 같다. 그런데 나는 그런 문제들에는 전혀 관심이 없다.(참고로 나는 무신론자이다.) 내가 관심을 갖는 것은 오직 십일조를 헌금하는 기독교 신자들의 마음mind이다.

잠시 생각을 해보자. 수입의 10분의 1이라니. 정말 엄청난 돈이다. 연봉이 3,000만원인 사람은 연 300만원을, 연봉이 5,000만원인 사람은 연 500만원을 교회에 헌금하고 있는 것이다. 한번 웃자고 말하자면, 나는 십일조가 세전 수입을 기준으로 하는지, 아니면 세 후 수입을 기준으로 하는지 도통 모르겠다.

우리들 연봉의 10분 1로 할 수 있는 것들을 생각해 보자. 꽤 많은 일들을 할 수 있을 것이다. 수입의 10분의 1이라는 돈은 절대 무시할만한 수준의 돈이 아니다. 만약, 가계의 모든 구성원이 기독교 신자이고 십일조를 헌금한다면, 그 가계는 대체 일년에 얼마의 돈을 헌금하는 것일까?

확실하게 해 두어야 할 것이 있다. 기독교 신자들은 '어느 일정 금액'의 10분의 1이 아닌, '자신의 모든 소득'의 10분의 1을 교회에 헌금한다. 그리고 그것을 평생에 걸쳐서 한다.

　기독교 밖 세상에서 바라보는 십일조에 대한 시선이 곱지 않은 것은 사실이다. 사람들은 대부분 "이해불가"라고 답을 한다. 또한 기독교 내에서도 십일조의 '가타부타'에 대한 의견들이 서로 분분한 것 같다. 같은 교회를 다니는 같은 기독교 신자들 사이에서도 누군가는 십일조를 헌금하고, 또 다른 누군가는 하지 않는다. 십일조를 하지 않는 기독교 신자들에게 십일조에 대해 물으면 "조금만 이해불가"라고 답을 할까?

　어쨌든, 누군가 들은 확실하게 십일조를 헌금한다. 그리고 또 다른 누군가 들은 그것을 전혀 이해할 수 없다며 손사래를 친다. '가치관'의 차이 때문이다.

　누군가에게 십일조는 '이해할 수 있는 은혜'이다. 하지만 또 다른 누군가에게 십일조는 '이해할 수 없는 룰rule'이다. 전자는 십일조에서 고통을 느끼지 않는다. 가치관과 행위가 정확하게 일치하기 때문이다. 하지만 후자는 십일조에서 고통을 느낀다. 가치관과 행위가 완전하게 따로 놀기 때문이다.

　열과 성을 다해 십일조를 하는 이가 있다고 생각해 보자. 만약 내가 그에게, 십일조의 어두운 면들을 들먹이며 십일조를 그만두라고 한다면 그는 어떻게 반응할까? 만약, 경제적 사고메커니즘을 통해 십일조를 유용함으로써 할 수 있는 수많은 멋진 일들로 그를 유혹한다면, 그는 어떻게 반응할까? 그가 과연 내 말에 귀를 기울일까?

　아마 그는 내 말에 귀를 닫을 것이다. 그럼에도 내가 그의 주위에 계속해서 머물면서 십일조를 끊으라고 '제잘'거린 다면 그는 틀림없이 나와의 관계를 끊고 말 것이다.(십일조 대신에.)

만약, 당신이 가치관價値觀의 차이로 누군가와 단 한번이라도 다퉈 본적이 있다면, 위의 내 말에 아주 심하게 공감할 것이다. 가치價値의 힘이란 실로 엄청난 것이다. 비록 상대적이고 수시로 가변可變하는 통에 말로 명확하게 설명할 수는 없지만, 가치란 반드시 지켜내고 싶은 소중한 그 어떤 무엇이다.

가치관과 행위가 정확하게 일치하면 고통은 사라진다. 자신이 믿어 의심치 않는 궁극의 가치를 행하는데 어떻게 고통스럽겠는가. 반면, 가치관과 행위가 불일치하게 되면 사람은 고통을 받게 된다. 우발적 살인과 폭행 뒤 밀물처럼 밀려들어오는 후회. 그것은 가치관과 행위가 불일치했다는 것을 자각하는 데서 오는 고통이다. 때문에 생명의 가치를 하찮게 여기는 정신이 망가진 살인자들은 살인한 뒤에 고통을 받지 않는다.

'랜디 O. 프로스트Randy O. Frost'와 '게일 스테키티Gail Steketee'의 책, 〈잡동사니의 역습Stuff-Compulsive Hoarding and the Meaning of Things〉에는 쇼핑중독증에 걸린 '재닛(가명이다.)'이라는 여성의 사례가 소개되어 있다. 그녀의 사례가 가치관과 소비행위의 불일치가 얼마나 고통스러운 것인지를 극명하게 보여주고 있기에 옮겨본다.

성공한 전문직 여성인 그녀는 수입이 좋았음에도 불구하고 항상 돈이 부족했다. 신용카드를 한도액까지 썼고 빚이 2만5000달러 이상이었다. 3년 동안 빚을 청산하려고 애썼지만 실패했다. 사실인즉슨, 이자까지 포함해 갚아야 할 돈이 줄어드는 건 고작하고 느는 중이었다. 재닛은 재정 상황 때문에 남편과 심하게 다투었다. 재닛은 심각한 쇼핑중독증인 자신의 상태를 잘 알고 있었다. 하지만 자신의 가치를 증명하기 위해서도 반드시 쇼핑을 해야 한다는 느낌을 받았다. 재닛은 옷을 한 벌 입어봤다. 점원이 참으로 잘 어울린다는 얘기를 보태자 기분이 밝아졌다. 남편과의 말다툼을 어느새 잊었다. 판매원의 배려는 흡족하기만 했다. 자신이 존중 받고 있으며 중요하고 가치 있다는 느낌이 들었다. 집에서는 기대할 수 없는 감정들이었다. 옷과 어울리는 구두와 벨트가 눈에 들어왔다. 행복해졌다. 결국 사용 한도가 넘지 않은 카드를 꺼내 500달러 이상의 물품을 구매했다. 그리고 희열을 느끼며 가게를 빠져 나왔다.

잠깐! 다음의 이야기를 마저 읽기 전에 생각해보자. 쇼핑을 통한 재닛의 행복은 과연 얼마나 지속되었을까?

그러나 자동차에 탑승하기도 전에 재닛의 생각이 바뀌었다. 얼마를 쓴 거지? 이게 정말로 500달러가 넘는단 말이야? 그녀는 이번 달까지 신용카드 부채를 그만큼 갚겠다고 계획했었다. 그런데 바로 지금 그만큼 빚을 늘려버리다니! 이 사실을 남편에게 어떻게 말한다? 재닛은 남편을 그다지 잘 속이지 못했다. 그는 재닛의 신용카드 청구서를 일일이 살펴보았다. 이걸 보면 얼마나 화를 낼까?
 재닛이 이 문제를 골똘히 생각할수록 구매한 물건들의 의미가 또렷이 인식됐다. 그녀는 주차장에 주저앉아 울음을 터뜨렸다. 후회와 걱정이 재닛을 집어삼켰다. 스스로를 비하하는 결론을 내리기 시작한 건 더 나빴다. 가끔씩 격렬한 우울증이 도질 때만 의식의 수면 위로 떠오르는 결론 말이다. '내 문제가 뭘까? 남편과 아이들을 돈에 쪼들리게 만들다니, 난 형편없는 존재야. 완전히 무가치하다고.' 그 사건 후 재닛은 계속 우울해 했다.

그녀는 잠깐 행복했고, 길게 고통 받았다. 그녀는 주차장에서 자신의 소비 행위가 자신의 가치관과 불일치 했다는 사실을 자각했다. 그래서 주차장에 주저 앉아 울음을 터뜨렸다. 그녀는 누군가의 아내이자 어머니였다. 대부분의 아내와 어머니가 그렇듯이, 그녀의 가치순위 아주 높은 곳에는 가족의 안녕이 있었다. 옷과 구두 따위는 가족의 안녕에 비하자면 아주 하찮은 것들이었다. 그녀는 긴 고통에서 벗어나고 싶었다. 가족의 안녕을 위해 헌신하는 아내가 되고 싶었고, 어머니가 되고 싶었다. 그래서 쇼핑중독증을 치료하기로 마음먹었고, 그 분야의 전문가인 '랜디'와 '개일'을 찾아갔다. 덕분에 우리는 그녀의 사례를 책을 통해서 접할 수 있게 되었다.

재닛의 사례는 우리에게 아주 친숙하게 다가온다. 그럴 수 밖에 없다. 그녀의 이야기에서 조금씩만 변형을 가하면 우리 모두의 사례가 되기 때문이다.

나는 500달러 이상의 옷과 구두를 소비하는 것을 두고 나쁘다고 말하고 싶지 않다. 또한 '루이비통 가방'과 '오메가 시계'를 소비하는 것 역시 나쁘다고 말하고 싶지 않다. 마찬가지로 '큰 집'과 '비싼 자동차'를 소비하는 것 역시 나쁘다고 말하고 싶지 않다. 나쁜 것은 이것들이 절대 아니다. 나쁜 것은 바로 이것들에 정신이 팔린 나머지, 더 높은 가치의 것들을 놓치고 마는 것이다.

우리의 가치순위의 높은 곳에는 무엇이 있을까? 그곳에 '루이비통 가방'과 '오메가 시계'가 있을까? 아니면 '큰 집'과 '비싼 자동차'가 있을까?

chapter 6

소비-테크놀로지

'소비-테크놀로지(消費-technology)'의
기본개념

"소비는 최소로 하되 그 소비를 통해서 얻어낼 수 있는 행복과 만족 따위의 효용은 최대로 끌어올린다. 다시 말해, 최소의 소비로 최대의 효용을 이끌어 낸다.(소비▼ 효용▲)"

이것이 바로 '소비-테크놀로지消費-technology'의 기본 개념이다. 이것은 "최소의 자원으로 최대의 효과를 이끌어 낸다.(자원▼ 효과▲)" 라는 '경영'의 기본 개념과 일치한다. 그렇다. 소비-테크놀로지는 요즘 유행하고 있는 '자기경영'의 일환이다.

만약 지금 우리가 상당한 규모의 돈을 소비하고 있음에도 불구하고, 어째 그것에서 느껴지는 효용이 영 시원치 않다면, 우리는 지금 주먹구구식의 무식한 소비를 행하고 있을 가능성이 크다.

우리들이 가진 '소비의 기술'은 아홉 살배기 시절의 그것에서 전혀 발전하지 않은 날 것 그대로의 모습이다. 우리는 지금까지 살면서 소비를 통한 최대의 효용을 이끌어 내기 위해 따로 공부하거나 노력을 해 본적이 전혀 없다.

"자기는 자기를 경영한다. 또한 가장家長은 한 가계의 경영자이다. 고로, '자기 마인드'와 '가장의 마인드'는 곧 '경영자의 마인드'와 일맥상통한다."

이것이 요즘의 사람들이 그토록 열광하고 있는 자기경영의 콘셉트이다. 누군가는 "그대, 스스로를 고용하라"라고 말하기고 하고, 또 다른 누군가는 "1인 기업이 되어라" 라고 말하기도 한다. 이 매력적인 콘셉트는 지금 거의 모든 분야에 걸쳐서 적용되고 있다.

단, 소비만큼은 예외의 분야이다. 누구 할 것 없이 소비 때문에 고통 받고 있는 지금, 그 누구도 소비에 '자기경영 트렌드trend'를 적용시키지 않는다.
 소비가 '경영 마인드'의 철저한 외면을 받고 있다는 사실은, '가계부'를 대하는 사람들의 인식을 통해서 아주 명백하게 드러난다.
 소비를 줄이는데 있어서 가계부가 도움이 된다는 사실에는 이견의 여지가 없다. 하지만 이렇게 중요한 역할을 하는 가계부는 보통 아내 혼자 작성한다는 인식이 지배적이다. 남편들에게 가계부는 소꿉장난과 같은 유치하고 하찮은 것이다. 그래서 우리는 40대의 남성사업가가 자신의 하루 수입과 지출의 내역을 가계부에 적는 장면을 쉽게 떠올릴 수 없다. 만약 그런 이가 있다면 우리는 그를 술자리의 안주거리로 삼을 것이 분명하다.
 아내들에게 가계부는 귀찮은 것이다. 이것이 좋다는 것은 익히 들어 알겠는데, 매일 작성하자니 번거롭고, 몰아서 작성하자니 학창시절 밀린 일기숙제를 하는 것처럼 짜증이 밀려온다. 그래서 모든 가계의 가계부는 12월임에도 불구하고 언제나 1월의 모습 그대로를 간직한다. 가계부의 작성을 아예 포기하는 것이다.
 가계부에 대한 사람들의 인식은 '하찮고 귀찮은 것'이다. 예전부터 그랬다. 오늘까지 그랬다. 그러나 내일부터 그래선 안 된다.

가계의 수입과 지출 내역 등을 적는 장부를 일컬어 '가계부家計簿'라고 한다. 그리고, 기업의 수입과 지출 내역 등을 적는 장부를 일컬어 '재무제표財務諸表, financial statement'라고 한다. 상법 '제447조'와 '제547조'에 의거해 '주식회사'와 '유한회사'는 반드시 재무제표를 작성해야만 한다. 재무제표의 작성 이유는 '기업의 경영과 재산상태를 명확히 표시하기 위함.'이다. 그렇다. 가계부의 작성 이유는 '가계의 경영과 재산상태를 명확히 표시하기 위함.'이다.

잠시 생각해보자.

"지금 우리 가계의 경영상태는 어떠한가? 또한, 재산상태는 어떠한가?"

명확한 답이 나올 리가 없다. 가계부를 작성하지 않는 우리는 가계의 상태를 명확하게 파악하고 있지 못하다. 지금 우리는 가계의 재산이 정확하게 얼마가 되는지도 모르고, 얼마의 돈이 들어왔다가 얼마의 돈이 어떤 경로로 빠져나가는지도 알지 못한다. 우리는 지금 가계를 대충 운영하고 있다.

가계상태에 뭔가 문제가 있는 것은 같은데, 그것이 무엇인지 도통 파악이 되지 않는 경우가 있다. 또한, 재무구성에 뭔가 변화를 주고는 싶은데 어떤 것부터 손을 대야 할지 막막한 경우도 있다. 이런 경우들이 발생하는 이유는 다음의 단 한가지이다.

"가계를 대충 운영하고 있다."

기업은 재무제표를 토대로 해서 '부채비율 debt ratio' 등과 같은 각종 '경영지표management index' 들을 만들어 낸다. 혹시 우리의 가계에도 이런 식의 '가계-경영지표家計-management index'가 있을까?

있을 리 만무하다. 가계부를 통해 가계의 수입과 지출 등을 기록하지 않으니, 그것들을 가공해서 어떤 지표를 만들어 낼 수도 없는 것이다.

기록하지 않는 우리는 가계의 현재상태를 명확하게 파악하고 있지 못하다. 과거에도 현재와 마찬가지로 가계의 상태를 명확하게 파악하지 못한 채로 그냥 지나쳤다. 그래서 우리는 우리의 가계가 어떤 방향으로 나아가고 있는지 그 방향성도 읽어내지 못한다.

과거와 현재를 이어야지만 추세를 읽을 수가 있다. 그리고 추세를 읽게 되면 어느 정도의 미래를 예측할 수 있다. 물론, 우리의 가계에는 이것이 전무하다. 사실 이것은 한국의 수많은 가계들에 있어서 전무한 것이다. 그렇다 보니 한국의 수 많은 가계들은 위기가 코앞에 닥쳐와야지 만이 인식을 할 수가 있다. 그래서 한국의 가계들에게 위기는 늘 '어느새' 닥쳐온다.

한국의 날고 긴다 하는 각계각층의 전문가들이 지표를 통해 이야기한다. 그들은 그것이 잘못 분석됐느니, 조작됐느니 하며 다툰다. 먹물 좀 먹었다는 이들이 브라운 관에서 볼썽사납게 다툴 정도로, 지표는 그만큼이나 중요한 것이다. 그리고 지표는 기록을 토대로 한다. 가계의 수입과 지출을 기록하지 않는 우리는 한번쯤 생각해 보아야 한다.

'가계부는 정말로, 하찮고 귀찮은 것일까?'

경영자의
마인드•

주먹구구식의 '가계 운영'에 '경영 마인드'를 적용했다는 점에서 '조 도밍후에즈Joe Dominguez'등은 훌륭하다. 그들은 그들의 '재정자립 프로그램'에 참가한 모든 사람들에게 '대차대조표'를 만들 것을 주문했다. 참가자들은 증빙자료들을 모조리 뒤져서는 가계의 '유동자산'과 '고정자산'을 구분해 냈고, 그 둘을 더한 것에 '부채'를 빼서 가계의 '순자산'의 규모를 명확하게 인식했다. '조'등은 다음과 같이 말한다.

"대차대조표에 드러나지 않은 그 외의 것들은 본인의 환상이나 잘못된 기억일 뿐이다."

이들은 대차대조표에서 멈추지 않았다. 참가자들이 수입과 지출을 특정 크기의 그래프 용지에 기록해, 그것들로 '가계-경영지표'를 만들 수 있게 도왔다. 그리고 강력한 동기부여를 위해서 그것을 잘 보이는 벽에 걸어두길 원했다. 그래서 이들은 그것을 두고는 아예 '벽걸이 차트'라고 까지 이름 붙였다. 다음은 이들이 설명하는 '벽걸이 차트'를 만드는 방법이다. 재미있게 설명하고 있기에 한번 옮겨본다.

손으로 그려야 하므로 아주 큰 그래프용지가 필요한데(가로·세로 18~22인치로 1센티미터를 10칸으로 나눈 것, 또는 24~36인치로 1인치를 10칸으로 나눈 것), 문구점에서 구할 수 있다. 그래프용지를 구할 수 없다면 당황할 것이 아니라 직접 그리면 된다. 큰 종이에 자를 대고 직접 그려

보자. 왼쪽에 있는 세로축은 돈이다. 이 세로축에 당신의 소득과 지출을 모두 표기한다. 그래프 아래쪽 가로축은 월을 표시한다. 5~10년 정도로 설정하는 것이 좋다. 재정자립을 달성하기 위해서는 변동 추세를 광범위하게 관찰해야 하기 때문이다.

여기서 잠깐! '추세'라는 단어에 주목하자. 이들은 확실하게 알고 있었던 것이다. 과거와 현재를 잊는 추세가 중요하다는 것을 말이다.

　매월 말에 그 달의 총수입과 총지출을 점으로 표시한다. 수입과 지출을 다른 색으로 표시하는 것이 좋다. 이전달에 표시했었던 점과 연결해서 선으로 이어보자. 그러면 다 된 것이다. 첫 번째 달을 마치고 나면 당신의 소비 패턴이 조금씩 드러난다. 달을 더해갈수록, 해가 갈수록 점점 더 재미있어진다. 이 벽걸이 차트는 월별 지출목록표를 이차원적으로 보여주면서, 동시에 시간에 따라 역동적으로 변하는 추이까지 나타내준다. 즉, 이제까지 사진앨범으로 보던 것을 동영상으로 보는 것과 같다.

이 얼마나 재미있고 귀여운 방법인가? 단순한 방법이긴 하지만 이들이 주문한 방법에 충실하게 따르게 되면, 참가자들은 수년 후에 자신의 가계의 월별 수입과 지출이 어떻게 변화했는지 그 추이를 선으로 한눈에 파악할 수 있게 된다. 이처럼 '가계 운영'에 '경영 마인드'를 적용하는 일은 복잡하고 어려운 일이 아니다. 그리고, 이들의 주문처럼 꼭 그래프를 만들어서 벽에 걸어두어야 하는 것도 아니다. 물론, 경영학을 전공해야 하는 것도 아니다.

소비의
목적*

'피터 드러커 Peter Ferdinand Drucker'는 자신의 책 〈미래경영 The Essential Drucker〉을 통해서 다음과 같이 말한다.

"고객이 구매하는 것 그리고 가치 있다고 생각하는 것은 제품이나 서비스 그 자체가 아니다. 그것은 언제나 제품과 서비스가 제공하는 그 무엇, 즉 효용 utility이다."

그가 옳다. 우리가 '어떤 것'의 소비를 통해서 얻으려는 것, 즉 우리가 원하는 것은 절대, 그 '어떤 것' 자체가 아니다. 바로 그 '어떤 것'을 통한 효용이다. 간단한 예를 한가지 들어보겠다.

"A가 의자를 샀다. A가 원한 것은 과연 의자 자체일까? 아니면, 의자를 통해서 얻을 수 있는 편안함 따위의 효용일까?"

A가 원하는 것은 의자를 통해서 얻을 수 있는 어떤 효용이다. 그것은 편안함일 수도 있고 다른 어떤 무엇일 수도 있다.(만약 A가 비싼 의자를 사서 자신의 부를 과시 하려 한다면, 그 의자의 효용은 부의 과시일 것이다. 이처럼 의자의 효용이 반드시 편안함인 것은 아니다.)

만약 A가 원한 것이 의자를 통한 편안함이었다면, 의자는 편안함이라는 목적을 위한 하나의 수단이자 도구에 지나지 않을 것이다.

우리는 보통 효용이라는 이름의 특정 목적을 달성하기 위해서, 기존에 가지고 있는 수단을 한 단계 이상에 걸쳐서 교환한다. 우리가 기존에 가지고 있는 수단을 새로운 수단으로 교환하고 그것을 통해서 목적을 달성해 내는 것이다. 식으로 표현하자면 다음과 같다.

위의 식을 좀더 이해하기 쉽게, A의 예를 들어서 표현하자면 다음과 같다.

소비의 목적은 역시 효용이다. 우리가 돈을 소비하는 행위, 그로써 사들이는 모든 것, 이것들은 모두 효용으로 나아가기 위한 하나의 과정이고 수단인 것이다.

효용은 개인의 주관적인 '느낌'이나 '감정', '감각'을 뜻한다. 그리고 이것은 대체로 긍정이다. 이것은 '행복'일 수도 있고, '만족'일 수도 있다. 또한 '사랑'이나 '쾌적함', 혹은 '재미'일 수도 있다. 이 따위의 것들이 바로 효용의 다른 이름들이다.

우리가 '소비-테크놀로지'를 통해서
얻어낼 수 있는 긍정의 결과들▪

1만원의 돈으로 100만 원어치의 효용을 이끌어 내는 것, 자원이 지닌 가능성을 최고조로 끌어올려 기어코 그것을 활용해 내고야 마는 것, 더 적은 돈으로 더 큰 행복을 창조해내는 것, 그리고 가격이 아닌 가치에 몰두하는 것, 이것들이 모두 '소비-테크놀로지'이다.

이런 소비-테크놀로지를 통해서 얻어낼 수 있는 긍정의 결과들의 수는 아마도 밤하늘에 떠있는 별들의 수와 같을 것이다. 그리고 이 것들을 모두 종합해서 하나의 범주로 묶는다면, "삶의 질이 높아진다." 라고 할 수 있을 것이다. 다음의 것들은 우리가 소비-테크놀로지를 통해서 얻어낼 수 있는 긍정의 결과들 중 흥미로운 몇 가지의 것들이다.

하나, 은퇴 후 노후 생활자금에 대한 불안감이 해소된다.

금융회사들의 주장에 따르자면, 우리의 은퇴 후 노후생활 자금으로는 십수억 원의 돈이 필요하다. 물론, 이는 완전한 '구라'이다.

금융회사들은 평범한 우리들의 소비수준을 최대한으로 가정한 뒤, 은퇴 후 노후생활자금을 추정해낸다. 그렇게 해야지만 우리가 '위험하지만 높은 수익률을 기대할 수 있는 금융상품' 따위에 관심을 가질 것이기 때문이다.

이것을 반대로 해석해보자. 만약 우리의 소비수준을 최소로 가정한 뒤에 은퇴 후 노후생활자금을 추정해보자. 우리는 어떻게 될까?

우리는 분명 '위험하지만 높은 수익률을 기대할 수 있는 금융상품' 따위에는 절대 관심을 갖지 않을 것이다.

마침 얼마 전, '동아일보'의 '이은우' 기자가 이와 관련된 좋은 글을 남겼기에 글의 일부를 옮겨본다.

서울대 노년·은퇴설계지원센터와 우리투자증권이 최근 전국 가구주 6589명을 대상으로 100세 시대 준비지수를 조사했다.

평균으로 보면 기대수명 82세, 은퇴 후 매달 희망 소비액 245만원, 은퇴 후 예상 월 소득 155만원이었다. 지금 방식으로 은퇴를 준비하면 75세 때 무일푼이 된다는 계산이 나온다. 기대수명을 적용하면 은퇴 후 7년, 100세 시대를 고려하면 생애 마지막 25년 동안 생계가 막막하다. 이를 해결하려면 1970년생 기준으로 매달 108만원(기대수명기준) 또는 235만원(100세 기준)을 추가로 저축해야 한다. 은퇴 후 경제 문제는 결코 간단한 사안이 아니다.

금융투자업계가 제시하는 해결책은 투자다. "우리 조언대로 이런저런 상품에 투자해 수익률을 높이면 은퇴 이후를 대비할 수 있다."고 강조한다. 이번 서울대와 우리투자증권의 분석에서 연 5% 기준인 투자수익률을 6%로 1%포인트 높여보자(투자수익 증가율은 20%), 기대수명까지 은퇴 자금을 마련하기 위한 추가 저축액이 108만원에서 90만 원으로 줄어든다.

수익률은 그대로 두고 은퇴 후 희망 소비액을 20% 줄이면 어떻게 될까. 매달 추가로 저축해야 할 돈이 108만원에서 53만원으로 감소한다. 투자수익률을 높이기보다 희망소비액을 줄일 때 은퇴 준비 부담이 훨씬 줄어든다는 이야기다.

　100세시대 해법으로 은퇴 후 씀씀이를 줄이라고 얘기하면 전문가로 대접받기 힘들다. 사람들은 희망 씀씀이를 유지해도 될 은퇴자금의 마련 방법을 원하기 때문이다. 하지만 그런 답은 찾기 어렵고 현실은 냉정하다. 금융투자업계에 투자전문가뿐만 아니라 행복컨설턴트가 필요할 것 같다. 적은 돈으로도 행복할 방법을 미리 배운다면 노후 준비가 훨씬 수월해지지 않을까.

동아일보 〈'100세 시대' 대비하시나요.〉 2012.05.08

　분명 수익률에 기대를 거는 것보다는 소비에 기대를 거는 것이 훨씬 더 현명한 처사이다. 위의 글에서 이기자는 소비규모를 20% 줄이는 것을 가정했다. 나는 우리가 소비규모를 최대한으로 줄여야 한다고 생각한다.

둘, 조금 더 행복해진다.

　'소비-테크놀로지'는 소비효용의 극대화를 꾀한다. 어떤 소비가 자신과 가계를 더 행복하게 해 주는가를 고민하는 것이 바로 '소비-테크놀로지'이다. 이것은 적극적인 행복의 추구이다.

　다음은 사람들 사이에서 일반적으로 통용되고 있는 소비의 식이다.

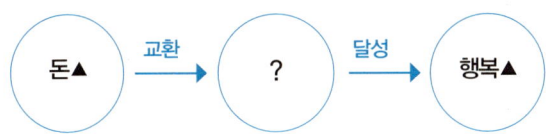

사람들은 돈을 많이 쓰면, 그만큼 많이 행복해 진다고 생각한다. 이 식을 다음과 같이 바꾸는 것이 바로 '소비-테크놀로지'이다.

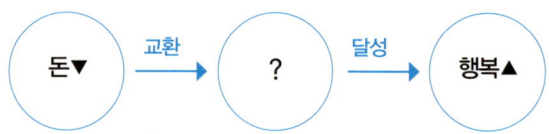

돈을 적게 쓰면서도 많이 행복해 지는 것. 이것은 절대 일반적으로 통용될 수 없는 식이다. 그래서 사람들은 '과연 이것이 가능해?' 라는 의문을 품는다. 그래서 '소비-테크놀로지'를 구사할 줄 아는 자는 탁월하다.

탁월한 자는 가끔 다음과 같은 기술을 구사하기도 한다.

이것은 소비 없이 곧장 행복으로 나아간 경우이다. 이것은 '손자孫子'가 말한 "부전이굴인지병, 선지선자야不戰而屈人之兵, 善之善者也(싸우지 않고 이기는 것이 병법의 최고 상책이다.)" 와 그 맥을 함께한다.

나는 이런 경우를 일컬어 "완전한 탁월" 이라고 부른다. 아이들은 이런 경우가 많다.

가만 잘 살펴보면, 아이들은 소비하지 않음에도 매일같이 행복으로 나아간다. 놀이를 통해 적극적으로 행복을 추구하기 때문이다. 아이들은 가을철 길바닥에 구르는 낙엽 하나 만으로도 "꺄르르" 거리며 행복해 한다.

반면, 성인들은 적극적으로 행복을 추구하지 않는다. 아니, 못한다는 말이 더 정확할 것이다. 아이에서 성인이 되어가는 과정에서 세상으로부터 놀이를 억압받기 때문이다. 따라서 성인들은 소극적 행복추구에 머문다. "이것 저것들을 소비하면 행복해진다." 라고 시장이 정의 내려 놓은 상품들을 그저 수동적으로 소비해가며 행복을 쫓는다.

확실히 우리들은 놀 줄 모르는 것 같다. 노는 것이라고 해보아야, 시장이 만들어놓은 단란주점 따위의 기성상품들이다. 우리들은 이것들을 '많이 소비하는 것'이 곧, '잘 노는 것'이라고 착각한다.

진정 잘 노는 이는, 모든 것을 놀이로 바꿀 줄 아는 이일 것이다. 출·퇴근 길의 만원버스와 만원지하철, 그리고 일. 이런 일상의 모든 것들에 놀이적 요소를 더해 재미를 찾아내고 행복을 찾아내는 이가 진정 잘 노는 이일 것이다.

재미와 행복은 분명 모든 것에 깃들어 있다. 나는 그렇게 생각한다. '공자 公子'도 그렇게 생각했다. 그는 말한다. "거친 밥을 먹고 물을 마시고 팔을 굽혀 베개삼고 누워도 즐거움은 또한 그 가운데 있다. 飯蔬食 飲水 曲肱而枕之 樂亦在其中矣"고.

작은 소비를 통한 적극적이고 큰 행복의 추구, 그리고 더 나아가서는 소비하지 않음에도 행복해질 수 있는 기술을 계발하는 것. 이것이 바로 '소비-테크놀로지'가 나아가고자 하는 방향이다.

소비는 매일같이 이루어지는데 어째 매일이 행복하지는 않다. 매일의 소비가 행복으로 나아가지 못한 것이다. 우리는 '소비-테크놀로지'를 능숙하게 구사해서 조금 더 행복해질 필요가 있다.

셋, '긴축(緊縮)'의 고통에서 자유로워 진다.

기업경영이 악화되었을 때, 경영자가 가장 먼저 꺼내어 드는 카드는 보통 '긴축(緊縮)'이다. 통제가 가능하기 때문이다. '왕중추汪中求'는 자신의 책 〈디테일 경영Detail Management〉을 통해서 다음과 같이 말한다.

> 지금은 경쟁이 어느 때보다 치열한 상황이다. 수익률 높은 기업이 경쟁에서 살아남고 발전하는 것은 당연하다. 사실 낭비는 어느 기업이나 발생할 수 있으며 동시에 모든 낭비는 통제가 가능하다. 기업경영도 가계경영과 크게 다르지 않다. 직원이 절약의 중요성을 인식하지 못하고 회사 돈을 물 쓰듯 하고, 심지어 버는 것 보다 많이 쓴다면 기업은 적자를 낼 수밖에 없다. 허리띠를 졸라매고 효과적으로 낭비를 최소화하는 기업만이 위기를 버틸 수 있다.

그의 말이 옳다. 기업경영과 가계경영은 크게 다르지 않다. 거의 모든 측면에서 일맥상통한다. '기업의 경영자CEO'들은 이 사실을 잘 알고 있다. 늘 고민하기 때문이다. 하지만 '가계의 경영자家長'들은 이 사실을 모른다. 고민하지 않기 때문이다.

긴축은 보통 채찍에 비유된다. 기업경영에 있어서 긴축이 고통으로 다가오기 때문이다. 도요타는 '초 긴축'경영으로 유명한 기업이다. 세상은 도요타의 이런 경영스타일을 두고는 '마른 수건 쥐어짜기'에 비유한다. 정말이지, 고통이 절절하게 묻어나는 비유가 아닐 수 없다.

가계경영에 있어서도 긴축은 고통으로 다가온다. 그래서 여태껏 우리의 가계가 낭비를 방치해 두고 있다.

　소비-테크놀로지는 긴축의 고통을 휘발시킨다. 가격이 아닌 가치위주의 소비를 행하기 때문에, 소비의 양이 줄어드는 데도 불구하고 소비의 질은 높아진다. 이것은 고통의 긴축이 아닌 행복의 긴축이다. 그리고 당근으로 만든 달콤한 채찍이다.(가계경영의 긴축이 기업경영의 긴축과 다른 점이 한가지가 있다. 바로, 가계경영의 긴축은 "흥건하게 젖은 수건을 짜내는 것" 이라는 점이다. 그 동안 우리가 낭비의 근절을 고민하지 않았기 때문에 개선의 여지가 너무나도 큰 것이다.)

당신이 갖는 '어떤 물음'에 대한 '결코 자세하지 않은 답들'■

나는 이제 당신이 이 책을 펼치는 순간부터 가져왔었던 어떤 물음에 답을 해야 한다. 당신이 갖는 어떤 물음은 아마도 "그래서, 어떻게 하라고?" 일 것이다.

　그런데, 나는 이 물음에 대한 자세한 답을 할 수가 없다. 서론에서 언급했던 바와 같이, '소비의 효용'이라는 것이 마치 '성감대'처럼 상대적이고 개인적인 성격의 것이라서 그런 것이기도 하지만, '소비-테크놀로지'가 '명시적 지식explicit knowledge'이 아닌 *'암묵적 지식tacit knowledge'의 영향을 많이 받기 때문이다. '암묵적 지식'은 내가 글로써 설명해 낼 수 없는 것들이다. 앞으로 당신은, 당신만의 '소비-테크놀로지'를 개발해가며 온갖 시행착오들을 거친 끝에 그것들을 터득해야 할 것이다.

다음의 것들은 당신이 갖는 어떤 물음("그래서, 어떻게 하라고?")에 대한 '결코 자세하지 않은 답들이다.'

* **'암묵적 지식**tacit knowledge' : '마이클 폴라니Michael polanyi'에 의해 처음으로 정리된 개념이다 : '명시적 지식'은 언어로 전달될 수 있고 자료화될 수 있지만, '암묵적 지식'은 그것이 불가능하다. 암묵적 지식은 경험을 통해 얻어지며 대개의 경우 무형의 상태를 유지한다.

자전거 타기를 한번 예로 들어보자. 자전거 타기는 암묵적 지식의 영향을 많이 받는다. 아버지가 아들을 위해 〈자전거 타는 방법〉이라는 제목의 글을 쓴다면, 그것은 '명시적 지식'이다. 하지만 그것만을 가지고는 자전거 타기를 배울 수가 없다. 자전거 타기를 배우려면 반드시 경험, 즉 시행착오가 필요하다. 이런 과정을 통해 얻어지는 것이 바로 암묵적 지식이다.

자기를
알아야 한다

자기를 아는 것이 무엇보다 중요하다. 자기가 자기를 모른다면, 자기를 외롭게 만들 수도 있고, 자기를 굶겨 죽일 수도 있을 것이다.(자기를 몰라서 자기를 굶겨 죽이는 사람이야 없겠지만, 외롭게 만드는 사람은 우리주위에 얼마든지 많다.)

유치한 이야기처럼 들릴 수도 있겠다. 하지만 이것은 아주 중요한 이야기이다. 그리고 알고 보면, 꽤 어려운 이야기이기도 하다.

우리는 어떤 감각과 감정, 그리고 느낌을 얻기 위해 소비한다. 보통, 효용이라고 뭉뚱그려 불려지는 이것들이 바로 소비의 목적이다. 그런데 이것들은 언제나 남들에게 감추어져 있다. 이것들은 오직 자기의 안에서만 실감된다. 자기의 내부에서만 파악될 수 있다. 말이나 표정 몸짓 등을 통해서 이것이 바깥 세계에 부분적으로 전해질 수는 있지만 이것을 실감할 수 있는 것은 오직 자기 자신밖에 없다.(의사에게 자기의 아픈 증상을 설명할 때에 닥쳐오는 당혹감을 한번 떠올려보자.)

소비의 주체는 결국 자기 자신이다. 오직 내게 맞는 맞춤형 소비를 행해야 한다. 남들이 재미있어하는 것 좋아하는 것들을 모방해서 소비해 보아야, 그것들은 내 행복과 아무런 쓸모가 없다. 이에 대해서 '김정운'은 자신의 책 〈노는 만큼 성공한다〉를 통해서 다음과 같이 말한다.

사람들은 내게 물어본다.

"어디 가면 재미있어요?"

그럼 나는 되묻는다.

"무엇을 재미있어 하세요?"

도대체 자신이 무엇을 하면 재미있어하는지 알아야 어딜 가면 재미있는지 알려줄 것 아닌가?

자기가 무엇에서 재미를 느끼는지, 혹은 무엇을 좋아하는지를 안다는 것은 커다란 강점이다. '에쿠니 가오리えくにかおり'의 소설 〈웨하스 의자ウエハースの椅子〉에는 가정이 있는 남성과 연애를 하는 독신의 중년 여성이 등장한다.

소설은 그녀의 1인칭시점을 다룬다. 대부분의 사람들은 소설에서의 그녀가 행복과 거리가 멀다고 생각한다. 혹은 무기력하다고, 절망에 빠져있다고 생각한다. 소설 속에서의 그녀가 이루어질 수 없는 사랑을 하고 있어서 이기도 하겠지만, 외로움이나 절망에 대한 이야기들을 워낙 덤덤하게 말 하고 있기 때문이기도 할 것이다. 언젠가 그녀는 다음과 같이 말한다.

"약하고 무르지만 반듯한 네모, 그 길쭉한 네모로 나는 의자를 만들었다. 조그맣고 예쁜, 그러나 아무도 앉을 수 없는 의자를. 웨하스 의자는 내게 행복을 상징했다. 눈앞에 있지만, 그리고 의자는 의자인데, 절대 앉을 수 없다."

소설 속에서의 그녀는 이따위의 말을 자주한다. 하지만 이보다 더 자주하는 말이 있다. 바로, "좋아한다." 라는 말이다. 다음은 그녀가 좋아하는 것들 중의 몇 가지이다.

그녀는 아침을 좋아한다. 버터를 좋아한다. 일을 좋아한다. 나비를 잡는 것을 좋아한다. 눈 내리는 날 하늘을 올려다 보는 것을 좋아한다. 애인의 입술을 좋아한다. 그리고 그 입술로 하는 키스도 좋아한다. 나이프에서 느껴지는 금속 특유의 싸늘한 감촉을 좋아한다. 잔디밭에서 바라보는 도로 쪽 광경을 좋아한다. 햇살의 양감을 좋아한다.(이에 대해 그녀는 아주 우아하게 말한다. "그것은 실로 풍성하게 나의 창가를 찾아준다.")

그녀는 끊임없이 말한다. "나는 …를 좋아한다." 라고. 그녀는 자기가 무엇을 좋아하는지를 잘 알고 있다. 그래서 그녀는 그것들로 곧장 나아간다. 그녀는 자신이 좋아하는 형태로, 좋아하는 장소에서, 좋아하는 일들을 한다. 아마도 그녀는 소비도 자신이 좋아하는 것들을 위주로 할 것이다. 그래서 나는 감히 짐작해본다.

'대부분의 사람들, 그들의 생각이 틀렸다. 그녀는 행복한 여성이다."

우리는 다음의 물음에 답을 할 수 있어야 한다.

"우리는 무엇에서 재미를 느끼는가? 무엇을 좋아하는가?'

혹시 알고 있는가? 알고 있다면 반드시 그것들을 위주로 소비해야 한다. 하지만 모른다면, 지금 당장에 그것들을 알아내야 한다. 내가 나를 모르는데, 어찌 내가 나를 행복하게 해 줄 수가 있겠는가.

모순을
포용해야 한다

자기라는 개념은 다차원적이고 계층적이다. 자기 안에는 수 많은 개념의 자기들이 존재한다. '신체적 자기physical self-concept', '사회적 자기social self-concept', '정서적 자기emotional self-concept' 등은 모두, 하나의 자기 안에 있는 각자 다른 자기의 모습들이다.

자기개념의 수는 사람의 행동이 이뤄지는 사회적 맥락의 수와 같다. 그래서 사람은 모순적이다. 남편으로서의 자기는 무뚝뚝한데, 아버지로서의 자기는 살가운 경우가 있다. 또한, 직장 동료로서의 자기는 냉소적인데 친구로서의 자기는 그렇지 않은 경우가 있다.

우리 주위에는 이런 모순됨을 지적하는 이가 많다. 하지만 이것은 자기개념의 다양성에 대한 무지에서 오는 잘못이다. 이런 지적을 하는 이도 자기 안에는 모순된 자기들이 가득하다. 우리가 보통 일상생활에서 자기라고 부르는 개념은, 이 모든 자기의 개념들을 포괄한 '포괄적 자기의 개념general self-concept'인 것이다.

'에쿠니'의 소설 속에서 '웨하스 의자'를 말하던 그녀 역시, 그녀 안의 수많은 자기들 중의 하나인 것이다. 그래서 그녀는, 그저 간간히 절망한다. 사람에게 있어서의 모순은 '자연스러움.' 바로 그 자체이다. 늘 행복할 수는 없다. 행복과 절망은 언제나 함께한다. 늘 사랑할 수도 없다. 사랑과 증오 역시 언제나 함께한다. 늘 관심을 가질 수도 없다. 관심과 무관심 역시 언제나 함께한다. 모순이 되는 이것들은 언제나 'or'이 아닌 언제나 'and'이다.

모순은 당연한 것이다. 우리는 이것을 포용해야 한다. 모순과 함께할 줄 아는 지혜를 터득하게 되면, 우리는 이분법적 사고의 함정에서 벗어나게 된다.

하나를 취함으로써 다른 하나를 버리는 것, 즉 '이것 아니면 저것'이 바로 이분법적 사고의 기본 메커니즘이다. 이분법적 사고에 의하자면, 하나가 옳으면 다른 하나는 결코 옳을 수가 없다. 이런 식의 극단적 사고는 '일의 지속성持續性'을 저해시킨다.

나는 브랜드에 냉소적이다. 하지만 나이키 런닝화를 신는다. 허례허식에 치를 떤다. 하지만 또 어떤 때에는 이것을 앞장서서 챙긴다. 이것은 분명 모순이다. 하지만 나는 이것에 전혀 개의치 않는다.

가끔 사람들이 이런 내 모순됨을 지적할 때가있다. 나는 이들의 태도를 통해서 사람들이 '이것 아니면 저것'식의 이분법적 사고에 얼마나 길들여져 있는가를 절감하곤 한다. 이들의 지적은 하나같이 다음의 결론을 향해 나아간다.

"그럴 거면 소비-테크놀로지 따위 때려치워!"

내가 왜 때려치워야 하는가? 모순되기 때문에?

이들의 논리에 따르자면, 아내를 사랑하는 남편이 한편으로 아내를 증오하기도 한다면, 남편은 아내를 사랑하기를 때려치워야 한다. 마찬가지로 행복을 향해 나아가는 사람이 한편으로 절망을 향해 나아가기도 한다면, 그 사람은 행복을 향해 나아가는 것을 때려치워야 한다. 이건 말도 안 되는 결론이다.

다시 한번 말하지만, 모순은 당연한 것이다. 그리고 모순은 '자연스러움.'

바로 그 자체이다. 다음의 것들은 당연한 모순의 아주 전형적인 예이다.

- 이성적인 당신은 감성적이기도 하다.
- 냉정한 당신은 다정하기도 하다.
- 절약하는 당신은 낭비하기도 한다.
- 일을 하는 당신은 휴식을 취하기도 한다.
- 공부를 하는 당신은 놀기도 한다.
- 다이어트를 하는 당신은 과식하기도 한다.

이분법적 사고의 함정에 빠지면 이런 모순들을 포용할 수 없다. 언제나 둘 중 하나를 택해야만 한다. 그래야지만 직성이 풀린다.(하루 과식했다고 이내 다이어트를 포기하는 사람은 이분법적 사고의 함정에 빠져있을 가능성이 크다.) 그래서는 어느 것 하나 지속하지 못한다. 우리는 모순되는 것들을 한꺼번에 취할 수 있다. 그래도 된다. 그것이 안 된다고 누가 그러던가?

이분법적 사고의 함정에 빠진 나머지, 어떤 일을 지속하지 못하고 포기해야만 했던 한 남자의 이야기를 소개한다.

그의 이름은 '마틴 린드스트롬 Martin Lindstrom'이다.(그는 우리에게 〈쇼핑학 Buyology〉의 저자로 잘 알려져 있다.) 그는 '브랜드 해독 brand detox'이라는 프로젝트에 도전했었다. 그의 말에 따르자면, 브랜드 해독이란 "일년 동안 브랜드 제품을 사지 않고 생활을 하는, 일종의 소비 다이어트"이다. 그렇다. 부어맨이 브랜드 화형식 이후에 했었던 프로젝트와 그 성격이 같다. 그는 몇 가지의 '원칙'과 '예외'들을 세운 뒤 프로젝트를 시작했다. 프로젝트를 시작하며 그는 말한다.

"마케팅과 광고가 흘러 넘치는 오늘날의 세상에서 현대인은 한시도 브랜드를 벗어날 수 없다. 그럼에도 불구하고 나는 브랜드 해독을 통해 현대 소비 문화의 유혹의 손길들을 모두 뿌리칠 수 있음을 증명해 보이고자 한다."

이런 기세에도 불구하고 그는 프로젝트의 완수에 실패했다. 약 6개월 만에 포기를 했는데, 포기를 하게 된 그 연유가 참으로 재미있다. 이에 대한 내용을 자신의 책 〈누가 내 지갑을 조종하는가Brandwashed〉를 통해서 실감나게 묘사하고 있기에 옮겨본다.

실패는 지중해의 섬나라 '키프로스'에서 시작되었다. 그날 저녁에 중요한 프레젠테이션이 예정되어 있었다. 하지만 비행기가 공항에 내렸을 때 내 수화물은 이미 다른 곳으로 날아가버린 상태였다. 그 말은 프레젠테이션 때 입을 옷이 없다는 뜻이다. 바지는 입고 있던 것으로 해결할 수 있었다. 하지만 땀에 절고 냄새 나는 검은 티셔츠는 세탁할 시간도 없었다. 호텔에 체크인을 하고 나서 30분 뒤, 나는 여행 기념품 매장 카운터에서 흰색 티셔츠를 들고 서 있었다. 앞에는 이렇게 적혀 있었다. 'I♥CYPRUS'. 나의 실패는 이렇게 시작되었다. 그 모든 게 말도 안 되는 티셔츠 한 장 때문이라니, 그것을 샀다는 것은 브랜드 해독 원칙을 어겼을 뿐만 아니라, 검은 옷만을 고집하는 나의 패션 코드도 어긴 셈이다. 나는 이제 스스로에게 브랜드 해독 중단을 허락했고, 그 순간 댐은 와르르 무너졌다. 그리고 나는 미쳐갔다. 24시간 후, 나는 세계 패션의 메카인 이탈리아 밀라노에 도착했다. 그곳은 브랜드를 멀리하고자 하는 사람들이 있을 만한 장소가 아니다. 그날 이후 나는 '산펠레그리노' 생수를 마시고, '리글리' 껌을 씹고, 'M&Ms' 초콜릿을 지인들 수만큼 샀다. 그러고는 뉴욕에 도착해서는 '콜한'의 검은색 겨울 재킷을 사고…… 그렇게 몇 달 동안을 멈출 수가 없었다. 라벨이나 로고가 붙어 있다면 차에 치여 죽은 동물 시체도 샀을 것이다. 이 모든 일이 여행가방이 사라지면서 어쩔 수 없이 샀던 싸구려 티셔츠 한 장 때문에 벌어진 것이다.

그는 겨우, 'I♥CYPRUS'라고 적혀 있는 브랜드 티셔츠 한 장 때문에, 기세 좋게 시작했었던, 그리고 6개월이나 지속했었던 프로젝트를 포기했다. 그는 모순을 포용할 줄 몰랐다. 프로젝트에 모순이 끼어들자 어찌해야 할 바를 모른 채, 무너져 내리고 말았다.

만약 그가 모순을 포용할 줄 알았더라면 어땠을까? 만약 그가 '브랜드 티셔츠 따위 한번 살 수도 있지 뭐.'라고 대수롭지 않게 여기고 프로젝트를 지속해나갔더라면 어땠을까?(그는 이미 프로젝트의 시작에 앞서서 몇 가지의 예외들을 세워두었다. 그것에서 예외가 한가지 더 추가가 된다고 해서 크게 문제가 되지는 않았을 것이다.) 그랬더라면 분명, 프로젝트를 완수해 낼 수 있었을 것이다.

어쩌면 사람들은 "완벽하게 완수해낸 것은 아니다."라고 주장할 수 있다.

하지만, '완벽하지는 않지만, 완수해낸 것'이 '포기하는 것' 보다야 백배는 더 낫다.

디테일detail에
집착해야 한다

사실, 내가 주장하는 소비-테크놀로지의 개념은 '뜬구름 잡는 소리'나 다름이 없다. 솔직히 말해서 이런 식의 주장, 누군들 못하겠는가? 이런 식의 주장, '아무나'가 다 할 수 있다. 이런 식의 주장은 심지어 '쥐'들도 한다. 다음과 같이.

"고양이의 목에 방울을 달아야 한다!"

중요한 것은 '뜬구름을 어떻게 잡아내느냐.'이고, '고양이의 목에 어떻게 방울을 다느냐.'이다. 결국 소비-테크놀로지의 성패여부는, 구체적이지 않은 것을 어떻게 해서 구체적인 것으로 바꾸어 내느냐에 달려있다.

고양이의 목에 방울을 달 수 있는 쥐는 탁월하다. 감히 '아무나'가 고양이의 목에 방울을 달수는 없으니까 말이다. 그렇다면 한번 생각해보자. 탁월한 쥐가 고양이의 목에 방울을 달러 가는(그래서 결국 달고야 마는) 그 역사적인 순간을 말이다.

탁월한 쥐는 고양이가 잠들기를 기다린다. 그리고 고양이의 모든 것을 살핀다. 숨의 세기, 수염의 움직임, 눈꺼풀에 덮인 안구의 움직임까지, 실로 모든 것을 세세하게 살핀다. 절대 작은 것 하나 놓치지 않는다. 작은 신호를 놓쳐서 고양이의 상태를 잘못 파악할 수도 있기 때문이다. 고양이가 깊이 잠든 것을 확인 한 뒤, 방울을 입에 문다. 방울의 안에는 솜이 가득 차 있다. 고양이에게 다가가는 동안 방울이 울려서는 안되기 때문이다. 그리고는 고양이의 정면으로 다가간다. 바람이 고양이의 등뒤에서 불어오기 때문이다. 뒤에서 접근했다가는 고양이가 냄새를 맞고 깰지도 모른다. 한걸음 한걸음을 결코 대충 내딛지 않는다. 그리고 모든 움직임에 신중을 기한다. 그렇게 해서 결국, 고양이의 목에 방울을 단다.

디테일에 대한 집착, 그렇게 해서 누적된 디테일, 그것이 가져오는 결과가 바로 탁월함이다. 모든 탁월함은 이런 디테일에서 비롯된다.

디테일의 힘은 분명 강하다. 그러나 이것은 저평가되고 있다. 아니, 무시되고 있다는 것이 더 정확한 표현일 것이다.

2006년, 영화배우 '김옥빈'이 MBC의 예능 프로그램인 〈놀러와〉에 출연해서 "멋진 레스토랑을 갔는데, 남자친구가 결제할 때 할인카드를 내밀면 분위기가 확 깬다."라는 발언을 해서 사람들의 입방아에 오르내린 적이 있었다. 그런데 이 발언이 어찌나 사람들의 '공감'과 '반감'을 동시에 자극했는지, 아직까지도 이에 대한 가타부타의 글들이 인터넷에 쏟아지고 있다. 다음은 한 네티즌이 자신의 블로그에 올린 글이다.

김옥빈은 얼마 전에 TV프로에서 할인카드와 관련한 발언을 한 바 있는데, "멋진 레스토랑을 갔는데, 남자친구가 결제할 때 할인카드를 내밀면 분위기가 확 깬다." 는 내용이다. 필자도 이런 김옥빈의 발언에 충분히 공감이 간다. 왜냐하면 필자도 그런 경험이 있기 때문이다. 선배가 결제를 하는데 있는 포인트 없는 포인트 다 긁어 모았다. 심지어는 왜 핸드폰 포인트 할인은 안되냐고 카운터에서 따졌다. 나는 이런 생각이 들었다. '내가 못 올 자리를 온 것인가? 얻어 먹은 게 미안하다.' 누군가에게 격식을 차려야 한다거나 가깝지 않은 사이라면 비록 쏘는 자리라 하더라도 신경을 써야 한다. 이런 자리에서 있는 포인트, 없는 포인트 다 꺼내어 미는 것은 상대방에게 상당한 결례일 수 있다. 그런 광경을 상대방이 보면 오히려 불쾌할 수도 있다. 가깝지도 않은 사이, 더욱이 격식을 차려야 하거나 혹은 업무상 만나는 자리에서 그러고 있으면 문제가 된다. 신용카드를 비롯한 각종 포인트 카드로 '청승'을 떨고 있다면 그것을 지켜보는 상대방의 기분이 썩 좋지는 않을 것이다. 그래서 김옥빈의 할인카드 발언은 충분히 공감할 수 있다. 특히 초면의 데이트 자리에서는 필히 할인카드를 내밀지 말길 바란다.

_출처 http://assetguide.tistory.com

윗글의 필자는 포인트의 사용 따위를 일컬어 '청승'이라 표현했다. 하지만 나는 포인트의 사용 따위를 일컬어 '기술'이라 표현한다.

기술이란, 바로 디테일 그 자체이다.

포인트를 사용하는 것, 더 좋고 더 싼 것을 찾아서 발품을 파는 것, "깎아주세요."라고 말하는 것, 바로 이 따위의 시시콜콜한 모든 것들이 '소비의 기술'이다. 이것이 기술이 아니라면 과연 무엇이 기술일까?

혹시, 세무지식으로 무장해서 연말정산 환급금을 더 받아내는 것이 기술일까? 맞다. 그것 역시 기술이다. 그런데 그 기술을 구사하려면 디테일의 힘을 무시하지 않아야 한다. 모든 현금사용에 있어서 현금영수증을 발급 받아야 한다. 신용카드 보다는 체크카드를 사용해야 한다.

혹시, 도매상과 직접 거래하여 유통마진을 줄이는 것이 기술일까? 맞다.

그것 역시 기술이다. 그런데 그 기술을 구사하기 위해서도 디테일의 힘을 무시하지 않아야 한다. 개인과의 거래를 꺼리는 도매상과 거래하려면, 공동구매의 형태로 펀드를 조성해야 할 것이다. 그러기 위해선 한 사람 한 사람을 일일이 모아야 할 것이다. 돈을 수렴해야 할 것이고, 물건이 확실한지도 세세하게 확인해야 할 것이다.

우리가 기술이라고 생각하는 것이 무엇이든지 간에 그것은 디테일의 누적이 없이는 불가능하다. 우리는 결코 디테일의 힘을 무시해서는 안 된다.

작은 것을 모두 놓치지 않는 일, 그 일은 감히 '아무나'가 할 수 있는 일이 아니다. 그 일은 오직, 탁월한 사람만이 해 낼 수 있는 일이다. 대충이야 말로 아무나가 할 수 있는 그저 그런 일이다.

중요한 것에
집중해야 한다

돈을 소비한다는 것은, 그 돈을 가지고 할 수 있었던 다른 모든 가능성들을 희생한다는 것이다. 이것의 가장 단순한 형태가 바로 4장에서 예를 들었던 '맞교환의 관계'이다. 부모들이 '자신들의 노후생활'을 희생해 가며 '아이들의 교육'을 선택하는 이유는 '아이들의 교육'이 '자신들의 노후생활'보다 더 중요한 것이라는 판단이 작용했기 때문이다. 두 가지의 선택지만을 두고 이야기를 하자면, 1순위가 아이들의 교육이고, 2순위가 자신들의 노후생활인 것이다. 대부분이 이런 식의 단순화된 선택에 있어서는 혼란을 겪지 않는다. 곧장 자신이 중요하다고 생각하는 1순위의 것을 위해 돈을 소비한다.

하지만 이렇게 돈을 통한 선택지가 두 가지뿐이라는 것은 아주 작위적인 설정이다. 돈의 가능성은 무한이기 때문에 실제 삶에 있어서 돈을 통한 선택지는 언제나 무한이다. 그래서 우리는 혼란을 겪는다. 무수히 많은 선택지들 중에서 어떤 것이 중요한 것인지를 헷갈리는 것이다. 때문에 우리는 중요한 것이 아직 미완未完의 상태임에도 불구하고, 중요하지 않은 것에 돈을 소비하기도 한다.

나는, 자동차에 대한 소유욕 때문에 가계를 파산시킨 한 가장을 안다. 과거의 그는 벌이가 변변치 않았음에도 불구하고 여러 대의 자동차를 소유했었다. 물론, 모두 빚을 통해서 소유한 것들이었다. 그때 그는 생각하지 못했다. 자신이 자동차의 값으로 치른 얼마간의 돈이, 자신이 미래의 어느 순간에 선택할 수 있는 모든 가능성들에 대한 희생이라는 것을 말이다.

그는 가계의 안정을 희생했다. 아내의 병원비를 희생했고, 아이들의 옷값을 희생했다. 파산을 한 지금, 그의 아내는 이가 아픔에도 불구하고 치료비가 걱정이 되어서 병원엘 가질 않는다.(아스피린만으로 버티는 중이다.) 또한 아이들은 가엾을 정도로 단정치 못하다. 나는 어째서 과거의 그에게 이렇게 묻질 않았을까? "자동차가 중요합니까? 가계의 안정이 중요합니까?"

물론, 이것은 극단적인 사례이다. 하지만 위의 사례에 적용된 식은 모든 소비에 적용된다. 단지 정도의 차이가 있을 뿐이다. 우리가 오늘아침에 커피값으로 치른 얼마간의 돈은 우리가 미래의 어느 순간에 선택할 수 있었던 모든 가능성들에 대한 희생이다. 우리는 오늘 노후생활자금에서 얼마간의 돈을 희생했다. 또한 아이들의 교육자금에서 얼마간의 돈을 희생했다.

만약 우리가 디테일의 힘을 무시한 채 이런 식의 희생을 계속해서 누적해 나간다면, 우리는 결코 만족할 만한 수준의 노후생활 자금을 마련하지 못할 것이다. 또한 아이들의 교육자금을 마련하는 데에도 상당한 어려움을 겪을 것이다.

우리에게는 지금 질서가 필요하다. 중요한 것 몇 가지를 선택해서, 그것들에 집중하자. 그 외의 것들은 모두 버리자. 버려도 된다. 왜? 그 것들은 중요하지 않은 것들이니까 말이다. 모든 것을 이루려는 욕심이 모든 것을 그르칠 수도 있다.

'손자'는 말한다.

"모든 곳을 지키면 모든 곳이 약해진다.(무소불비 즉무소불과 無所不備 則無所不寡)"

여러 가지의 목적을 동시에 추구하는 것은, 여러 가지의 전투를 동시에 수행하는 것과 같다. 이것은 아주 위험천만한 일이다. 중요하지 않은 목적은 과감하게 버려야 한다. 그렇게 목적을 단순화시키고, 단순화된 그 목적에 우리의 돈을 집중해야 한다.

책을 출간하며

탈고한지 거의 2년이 다된 원고를 다시 들여다 보자니 얼굴이 화끈거려온다. 마지막 장이 역시나 마음에 들지가 않는다. 아! 정말 솔직하게 말하자면, 사실 총체적으로 마음에 들지가 않는다. 아마 원고가 서랍 속에 머물고 있던 2년 정도의 시간에 내가 성장을 했기 때문일 것이다. 하지만 나는 내 특유의 뻔뻔함과 가계부채 1,000조원 시대라는 시의성에 기대어서 이 책의 출간에 딴지를 걸지 않으려 한다.

소비-테크놀로지의 개념은 내가 27살에 정립을 한 것이다. 당시 한국에 재테크라는 용어가 한참 유행을 하고 있어서 그것에 대응하는 차원에서 소비-테크놀로지라고 이름을 지었었다. 그래, 나도 안다. 내 작명 센스가 꽝이라는 사실을 말이다. 하지만 이름의 촌스러움을 떠나서, 나는 이 소비-테크놀로지의 개념 하나만큼은 지금도 자신이 있다.

나는 당신이 이 책의 다른 모든 내용들은 잊어도, 소비-테크놀로지의 개념 하나만큼은 잊지 말았으면 한다. 이 개념이 소비의 양을 줄이는데 있어서 오는 부정적인 생각들의 대부분을 떨칠 수 있게 해줄 테니까 말이다. 때문에 나는 분명하게 말할 수가 있다. '소비-테크놀로지의 개념이 추상적이건, 막연하건 간에, 당신이 소비-테크놀로지를 알게 됨은 아주 잘된 일'이라고.

마지막으로 다시 한번 더 강조한다. 소비의 양을 줄인다고 해서 삶의 질이 저하되지는 않는다. 빈곤의 상태로 떨어지지 않는 이상은, 소비물을 현명하게 선택하기만 하면 소비의 양을 줄여도 삶의 질이 높아진다. 그러니까, 지금 당장에 소비를 줄여서 가계의 재무상태를 개선시켜라.

광고의 말

1.

서랍 속에 묻어둔 원고가 아직 몇 개 더 남아 있다. 나는 2014년에 그것들을 모두 출간하려 한다. 그 원고들은 모두 '나와 내 친구들, 그리고 이웃들이 대체 왜 돈에 쪼들릴까?'에 대한 내 나름의 정리이다. 그 원고들 역시 다시 읽어보면 얼굴이 화끈거려올 것이 뻔하다. 하지만 역시 마찬가지로 내 특유의 뻔뻔함과 가계부채 1,000조원 시대라는 시의성에 기대어서 출간을 감행하려 한다. 나는 당신이 앞으로 출간될 내 다른 책들에도 관심을 가져 주었으면 한다.

2.

이 책의 출간 시기에 맞춰서 홈페이지를 오픈 하려 한다. 주소는 www.kubonki.com이다. 가계의 재무관리에 관련된 글들을 수시로 업로드 시킬 계획이니 즐겨 찾아주길 바란다.

돈을 적게 쓰면서도 충분히 행복할 수 있는 똑똑한 소비자가 되라
우리는 왜 소비를 줄이지 못하는가

초판 1쇄 인쇄 2014년 3월 18일
초판 1쇄 발행 2014년 3월 23일

지은이   구본기

발행인   곽철식
발행처   다온북스

출판등록   2011년 8월 18일 제110-92-16385호
주소   서울시 은평구 갈현동 327-132 301호
전화   070-7516-2069   팩스   02-332-7741

종이   상산 페이퍼
인쇄와 제본   영신사

값   14,000원
ISBN   979-11-85439-11-2 13320

* 이 책은 저작권법에 따라 보호를 받는 저작물이므로 무단전재와 복제를 금하며,
  이 책 내용의 전부 또는 일부를 사용하려면 반드시 저작권자와 다온북스의 서면 동의를 받아야 합니다.

* 잘못되거나 파손된 책은 구입하신 서점에서 교환해 드립니다.